*Mein Tagebuch*

........................................................

**Sabine Hübner**

# MENSCHMOMENTE

*Das Tagebuch für besondere Begegnungen*

ISBN 978-3-9821246-1-2 (Version Blau)
ISBN 978-3-9821246-2-9 (Version Rot)
ISBN 978-3-9821246-3-6 (Version Grau)

Buch- und Umschlaggestaltung:
artcore kommunikationsdesign, München
Porträt: Martin Steiger, Wien
Satz und Druck: Stulz Druck & Medien GmbH, München
Gesetzt aus der Montserrat und Open Sans
Printed in Germany

Sabine Hübner ist eine der profiliertesten Service-Expertinnen im deutschsprachigen Raum. Als Beraterin, Buchautorin und Bloggerin, gefragte Keynotespeakerin und Hochschuldozentin lotet sie seit 20 Jahren das spannende Feld zwischen Serviceglück und Servicewüste aus. Schon als Kind hatte sie im österreichischen Gasthof ihrer Großmutter hautnah erlebt, dass sich der Erfolg eines ganzen Unternehmens aus einzelnen Menschmomenten zusammensetzt. Seitdem ist Sabine Hübner dem Geheimnis der Menschmomente auf der Spur. Dieses Tagebuch führt ihre Gedanken aus ihren Büchern „Empathie" und „Serviceglück" weiter. Es lädt Sie ein zur Selbstreflexion und zum bewussten Erleben glücklicher Menschmomente – jeden Tag!

www.sabinehuebner.de
mm@sabinehuebner.de

# INHALT

# MENSCHMOMENTE

## *Warum Ihr Tagebuch ein Glücksbringer ist*

Es ist stockdunkel auf dem leeren Parkplatz. Durch den Schnee-regen lässt sich der Hoteleingang nur erahnen. Ich schalte den Motor ab, öffne die Tür, gleite in die Kälte, haste durch Pfützen um den Wagen herum zur Heckklappe, zerre meinen Koffer her-aus. Schneematsch klatscht auf meine Brille. Nach der Höllenfahrt auf eisglatter Autobahn fühlt sich mein Nacken bretthart an, mein Magen knurrt. Was mir jetzt noch fehlt, ist ein mürrischer Rezepti-onist und ein kaltfeuchtes Zimmer...

„Guten Abend, liebe Frau Hübner!", erstaunt schaue ich auf. „Wie gut, dass Sie sicher angekommen sind. Ich habe Ihnen eine heiße Suppe vorbereiten lassen." Ein über das ganze, faltige Ge-sicht lächelnder Herr hält einen riesigen Regenschirm über mich und nimmt mir den Koffer aus der Hand. In meinem Herzen geht die Sonne auf. Ich hätte ihn küssen können...

### Von der Magie der Begegnung

Ein Schirm, ein freundlicher Gruß, eine heiße Suppe. Mehr braucht es oft nicht, um einen Menschen glücklich zu machen. Und, ganz ehrlich? Ich war sicher, dass sich der Hotelmitarbeiter über unse-ren schönen Menschmoment auf dem Parkplatz genau so gefreut hat wie ich. Vielleicht sogar noch mehr.

Genau das macht den Zauber der Begegnung zwischen zwei Menschen aus: Ein Menschmoment verwandelt die Welt für einen Augenblick in einen besseren Ort. In ein magisches Jetzt. Auf das Sie, und das ist die gute Nachricht, gar nicht warten müs-sen. Machen Sie sich Ihre glücklichen Menschmomente einfach selbst!

Mit diesem kleinen Tagebuch gebe ich Ihnen ein passen-des Werkzeug an die Hand. Wie es funktioniert? Mit Ihren Noti-zen steuern Sie Ihre Aufmerksamkeit. Je mehr Sie Ihren Fokus auf besondere Menschmomente richten, desto mehr werden Sie im Alltag entdecken. „Energy flows, where attention goes", heißt es in der Hawaiianischen Huna-Tradition. Unsere Energie fließt dorthin, worauf sich unsere Gedanken richten.

Glück, Motivation, Inspiration – wir meinen oft, dass wir das alles mit mehr Konzentration auf uns selbst finden. Und wundern uns, wenn es nicht funktioniert.

### Jeder Menschmoment bringt Glück zurück

Meine Erfahrung: Das Ich wächst am Du. Wer einen guten Sinn für besondere Menschmomente hat und diese bewusst erlebt, dem erschließt sich die größte Kraftquelle überhaupt. Nennen Sie es Energie oder Glück, Lebenslust oder Liebe... Wahrscheinlich ist es alles auf einmal.

Und ganz gleich, ob Sie Ihren Schirm teilen, dem jung-verliebten Paar am Nebentisch heimlich den Cappuccino spendieren oder freundlich zwinkern, wenn sich jemand im Straßenverkehr mal wieder nicht ganz so geschickt anstellt: Jeder kleine Menschmoment bringt großes Glück zurück. Für Sie.

Dieses Gefühl, liebe Leserinnen und liebe Leser, möchte ich mit Ihnen teilen. Und wenn Sie es auch mit mir teilen möchten, schreiben Sie mir Ihre schönsten Menschmomente gerne an *mm@sabinehuebner.de*

Ich wünsche Ihnen von Herzen viele magische Menschmomente! Ihre

**„ALLES, WAS WIR** sind, ist ein Resultat dessen, was wir gedacht haben." (Buddha)

# JEDEN TAG GLÜCK

### *Lassen Sie Ihre Sonne aufgehen – jeden Tag*

Montag: Der Morgen liegt auf dem Schreibtisch wie Blei. Die Kreativität versteckt sich irgendwo in der Schublade, die Motivation steckt noch im Stau und der erste Kundenanruf verstolpert sich schon bei der Grußformel...

Kennen Sie das? Als neulich mein Montagmorgen so gar nicht in Schwung kam, fiel mein Blick auf ein ungenutztes Tagebuch. Ich nahm es zur Hand, fing an zu schreiben und hörte nicht mehr auf, mich zu wundern. So viele Gedanken hatte ich im Kopf? Gleichzeitig? Das wurde mir erst beim Aufschreiben klar, und auch, dass in diesen Gedanken einigen Knoten zu lösen waren.

**AUFSCHREIBEN**
*Schreiben ist eines der einfachsten Denkwerkzeuge – und eines der wirkungsvollsten.*

Eine Stunde lang schrieb ich mir alles von der Seele. Und nach dieser Stunde ging es mir so viel besser, dass ich überlegte: Wäre es nicht wunderbar, wenn ich dieses Erlebnis Ihnen, liebe Leserinnen und Leser, weiterschenken könnte? So ist die Idee zu diesem Buch entstanden.

## Rituale machen uns stärker – jeden Tag

Seit jenem Montag starte ich in jeden Tag mit einem Cappuccino, extra groß, extra stark, und mit meinem Tagebuch. Ich freue mich schon in der Früh auf schöne Menschmomente und besinne mich auf das, was mir im Job und im Leben wirklich wichtig ist und was mich trägt. Und schon geht die Sonne in meinem Herzen auf.

**RITUALE**
*Rituale sind Rettungsinseln im täglichen Chaos.*

Der Moment mit Kaffee und Tagebuch ist für mich zu einem Ritual geworden. Es gibt mir Struktur und Energie, erdet mich und macht mich glücklich. Es ist wie ein Zuhause – was umso wichtiger wird, je turbulenter das Leben läuft. Und meins läuft immer turbulent... Am Abend wiederhole ich das Ganze mit Tagebuch plus Tee. Ich überlege, wem ich im Laufe des Tages eine Freude machen konnte, wem ich begegnet bin, was mich überrascht hat und für welche Momente ich dankbar bin.

Rituale sind etwas anderes als Routinen. Sie dienen nicht dazu, Dinge effektiv zu erledigen, sondern dazu, dem Leben Intensität zu geben. Es geht nicht darum, Gedanken schneller zu denken, sondern darum, sie reifen zu lassen. Es geht nicht um den ultimativen Powerknopf für den Alltag, sondern darum, den Alltag für einen Moment zu verlassen. Größer zu denken. Weiter.

## Inseln schaffen – und die Landkarte ändern

Schreiben? Früh am Morgen? Wie soll ich das denn noch schaffen? Wenn Sie sich das gerade fragen: Ja. Klar. Es ist nicht leicht, im ohnehin schon vollgestopften Alltag noch einen Moment zu finden. Nur: Man *findet* nie Zeit für irgendetwas. Weil man Zeit nicht *finden* kann, nur *nehmen*. Immer wieder. Sie ist ja da.

Also fangen Sie einfach an. Warum nicht jetzt sofort? Den absolut richtigen Moment gibt es sowieso nicht, und für alltägliche Dinge braucht es nicht einmal den absolut richtigen Moment. Deshalb Ihr Ritual. Es setzt den Moment. Und wenn Sie es mal nicht schaffen? Na und? Das Sinnvolle *immer wieder versuchen* ist nicht nur *notwendig für* ein gelungenes Leben, es *ist* das Leben. Und wer sich kleine Inseln im Alltag schafft, der verändert auf lange Sicht seine ganze Lebenslandkarte. Sogar die Welt.

## Menschmomente verändern die Welt

*„Die besten Reformer, die die Welt je gesehen hat, sind die, die bei sich selbst anfangen"*, hat George Bernard Shaw gesagt. Mit dem Tagebuch fangen Sie bei sich selbst an. Sie nehmen sich am Morgen einen Tagebuchmoment für sich, damit Sie tagsüber mit anderen gemeinsam Menschmomente feiern können.

Zugegeben: Diese Sicht ist ungewöhnlich in einer Zeit, in der wir uns von morgens bis abends selbst optimieren – Schrittzähler, Fitness-Training, Sixpack-App. Doch diese Sicht ist notwendig, weil wir bei aller Optimierung das aus dem Fokus verlieren, was uns das Leben ganz besonders intensiv spüren lässt. Unser Gegenüber. Der Mensch ist keine Insel! Unsere größte Herausforderung ist, statt noch besser zu arbeiten oder auszusehen, unsere besten Momente zu teilen. Lebensfreude hat ihren Ursprung genau hier! Und selbst wenn unser Gegenüber ein Kunde ist, kann die Begegnung so schön sein wie ein Treffen mit Freunden.

## Lebensfreude braucht Menschmomente

Ob wir unser Gegenüber schon lange kennen oder erst seit fünf Minuten? Das macht keinen Unterschied, wenn wir durch den einzelnen Menschen hindurch das Ganze in den Blick nehmen – Menschlichkeit, das Leben, die Liebe. Ein im Grunde sehr unwahrscheinlicher Zufall in diesem Universum und ein wunderbarer Grund, jeden Menschmoment zu feiern. Oder?

Beginnen Sie also jeden Tag mit guten Gedanken. Schlafen Sie jeden Tag mit guten Gedanken ein. Und mit Dankbarkeit – eine gute Idee nicht zuletzt deshalb, weil Dankbarkeit Ihre Gesundheit messbar verbessert – in vielen Studien bewiesen.

## Aufschreiben macht den Unterschied

Warum Sie statt nur ein bisschen nachzudenken Ihre Gedanken wirklich *aufschreiben* sollten? Einen Gedanken aufschreiben ist, wie ein neues Kleidungsstück vor einem Spiegel testen. Man probiert, ob der Gedanke passt. Man wählt eine andere Größe, eine andere Farbe. Und wenn man die richtigen Worte gefunden hat, geht man in den Tag mit einer starken inneren Haltung.

Und Aufschreiben ist viel mehr als nur einen Gedanken festhalten. Schreiben ist verändern. Wenn Sie schreiben, verwandeln Sie vage Ideen in klare Worte. Sie verwandeln Erfahrung in Erkenntnis. Und manchmal ist es beim Schreiben so, dass Sie Ihren eigenen Gedanken beim Wachsen zuschauen können. Und damit auch Ihrer Entwicklung zu einer einzigartigen Persönlichkeit.

## Worauf es ankommt

Ich möchte Sie mit diesem Buch zu einem Experiment ermutigen: Suchen Sie Blickkontakt. Wagen Sie Offenheit. Gehen Sie in den

Dialog. Geben Sie Menschmomenten eine Chance. Ein bisschen Mut brauchen Sie schon dazu: Jeder Menschmoment ist einzigartig, jeder ist eine Überraschung, keiner lässt sich bis ins Detail planen. Warum sich das Risiko lohnt? Da folge ich dem Denker Martin Buber: *„Alles wirkliche Leben ist Begegnung."*

Und noch etwas: Tagebuch schreiben ist leicht. Sie brauchen niemandem etwas zu erklären, Sie brauchen nichts zu rechtfertigen. Es geht darum, zu verstehen. Und jeden Tag eine einzige Frage zu stellen:

### Wie mache ich die Welt heute für mich und für andere zu einem besseren Ort?

Ob und wie Ihnen das gelungen ist, darüber dürfen Sie jeden Abend staunen. Und es an jedem neuen Tag neu versuchen.

Bevor es nun richtig losgeht mit Ihrem Tagebuch, möchte ich noch diese Gedanken mit Ihnen teilen: Wie Empathie glücklich macht, warum wir für andere Sterne vom Himmel holen und Glücksmomente unbedingt teilen sollten.

## Glücklich machen ist das höchste Glück!

**MENSCHMOMENT**

Wir haben die Macht, jeden Moment unseres Lebens in einen schöneren Moment zu verwandeln.

# EMPATHIE WIRKT

*Mit magischen Momenten mitten ins Herz*

Unser Büro braucht Möbel. Also fahre ich mit meiner Mitarbeiterin Michaela zu diesem schwedischen Möbelhaus, das Sie alle kennen. „Nach zwei Stunden ist der Einkauf erledigt", denke ich. Doch wir brauchen sechs, bis wir schließlich am Serviceschalter landen. „Jetzt hab ich aber Hunger!", flüstere ich Michaela zu. „Mir hängt auch der Magen in den Knien". Da zieht der junge Servicemitarbeiter seine Schublade auf, nimmt etwas heraus, schaut uns an, lächelt und fragt: „Giotto?" Und schenkt uns Haselnusskugeln.

## Eine Geste, die den Alltag funkeln lässt

**EMPATHIE**

Empathie ist die Fähigkeit, die Gefühle und Stimmungen anderer Menschen so nachzuempfinden, dass sie sich verstanden und angenommen fühlen.

Empathie zaubert ein Lächeln ins Gesicht. Empathie macht unwiderstehlich. Empathie ist der Schlüssel zum Gegenüber. Kein Wunder, dass ich so oft gefragt werde: Kann man Empathie lernen? Meine Erfahrung aus vielen Projekten ist eindeutig: Ja!. Natürlich gibt es Menschen, die ohne Extraübung vor Empathie sprühen. Aber ganz sachlich betrachtet, entsteht Empathie aus vier leicht zu lernenden Stufen:

**1. Konzentration:** Der Möbelhaus-Mitarbeiter achtete auf uns. Nicht nur auf seinen Bildschirm.

**2. Wahrnehmung:** Er lauschte unserem Gespräch nicht nur. Er hat wirklich hingehört.

**3. Kreativität:** Er hatte einen Einfall für eine persönliche Geste.

**4. Mut:** Und er traute sich, seine Idee beherzt umzusetzen.

Empathie kann jeder lernen: Im Beruf ist Konzentration oft nur eine Frage der Organisation. Wie ist Ihr Arbeitsplatz organisiert? Wahrnehmung lässt sich trainieren – sehr gut übrigens mit einem Tagebuch wie diesem. Kreativität entsteht, wenn ein Unternehmen Kreativität zulässt und fördert. Und mutig werden Sie, wenn sie erleben, dass Sie etwas zurückbekommen: ein hohes Ansehen bei Ihren Kunden und Kollegen, erstklassiges Feedback vom Chef und Erfolg.

## Warum Empathie so selten ist

Empathie ist also keine Raketenwissenschaft. Warum sind wir dann aber heute so wenig empathisch? Ich denke, weil unser Leben so wahnsinnig schnell getaktet ist. Die Arbeit wird immer fordernder, technische Systeme absorbieren mehr und mehr Aufmerksamkeit. Wir reden immer weniger miteinander – und wenn wir nicht miteinander reden, geht auch die Empathie flöten. Dann rasseln auch noch immer verrücktere Nachrichten in unsere Kanäle, Familienbande lockern sich, als verbindendes Element bleibt vielleicht noch der Fußball.

**REDEN!**
Ein kleines Gespräch ist der erste Schritt zu großer Empathie.

Unter diesem Zuviel fühlen wir uns, als seien wir komplett auf uns selbst zurückgeworfen. Wir fühlen uns unter Druck, sind im Job und sogar in der Freizeit hyperaktiv und haben gleichzeitig das Gefühl, kaum etwas wirklich verändern zu können. So drehen wir uns im Turbotempo auf der Stelle, schauen zur Selbstberuhigung ins Smartphone – aber unserem Gegenüber nicht mehr in die Augen. Und miteinander reden, das vermeiden wir häufig sogar. So haben wir unsere Ruhe, werden aber innerlich leer.

## Menschmomente: Schauen, reden, lächeln

Jedes Ich braucht ein Du. Es sind die Begegnungen mit echten Menschen, die unser Leben lebenswert machen und die uns tief erfüllen. Geben wir also dem Wunder der Begegnung eine Chance. Feiern wir Menschmomente, so oft es geht: Schauen, reden, lächeln – funktioniert auch ohne Schokolade in der Schublade.

# Empathie macht für Sie und für alle das Leben schöner!

# SEI EIN HELD

*Warum uns der Job mehr Spaß macht,*
*wenn wir für andere Sterne vom Himmel holen*

Natürlich geht es im Job um Effektivität und Effizienz, um Zahlen und Ziele. Nur: Wir sind doch keine Roboter! Was uns am Morgen wirklich aus dem Bett treibt, ist etwas ganz, ganz anderes. Die einen reizt die Welt: Abenteuer erleben und Schönheit, den Zauber der Kreativität spüren, Rätsel lösen. Das klingt jetzt ein wenig poetisch – doch was macht ein IT-Sicherheitsexperte anderes als Rätsel lösen?

Die anderen lieben die Begegnung: Menschen bewegen, inspirieren und ermutigen, Erkenntnisse teilen, Menschen heilen und versorgen, vernetzen und fördern. Menschen glücklich machen macht glücklich! Und das ist der Grund, warum unsere eher dunklen Antriebsfedern – Ehrgeiz, Neid, Konkurrenz, Perfektionismus – uns auch erfolgreich machen können, sehr sogar, uns aber auf Dauer nicht ausfüllen. Sondern ausbrennen.

## Sinn gibt uns Energie

Was treibt Sie morgens aus dem Bett? Die Welt? Die Menschen? Oder alles auf einmal? Wenn wir verstehen, warum wir etwas tun, und wenn wir sinnvoll finden, was wir tun, kann uns unsere Arbeit sehr tief erfüllen. Und mehr noch: Dann geht sie leichter von der Hand und bringt uns sogar Energie, statt uns nur müde zu machen. Und wenn dann auch noch der Berg an Arbeit, der vor uns liegt, die richtige Größe für uns hat? Dann haben wir den Traumjob gefunden.

## Profi sein heißt Abstand halten

Was wieder andere Herausforderungen mit sich bringt: Je mehr unser Job ein Traumjob ist, desto bewusster müssen wir immer wieder auf Abstand gehen. Sonst gehen wir zu sehr über die Grenzen unserer eigenen Gesundheit und verlieren den Blick auf das Ganze: die Balance zwischen Job und Familie, Anspannung und Entspannung. Und so verlieren wir sogar ein Stück weit unsere innere Freiheit, unsere Kreativität und auf lange Sicht sogar die Motivation.

Ich mag das Wort *Serviceheld*. Ein Serviceheld weiß in jeder Situation, was zu tun ist. *Professionalität* heißt für ihn, Leidenschaft für seinen Job niemals umkippen zu lassen in Hemdsärmeligkeit. Er kennt die Grenzen seiner Möglichkeiten. Und er weiß, und dieser Punkt ist mir am wichtigsten, an welchen Stellen er vorgeschriebene Prozesse verlassen kann, um für den Kunden das Unmögliche möglich zu machen.

### Was Helden anders machen

Helden überwinden Grenzen: Sie überspringen Systembarrieren und schaffen Zeiträume. Sie tauchen immer unerwartet auf, genau dann, wenn es etwas zu retten gibt. Sie haben einfach das Gespür für den richtigen Moment. Im Film genauso wie im Leben und im Job. Das Erstaunliche daran ist, dass Heldentaten oft überhaupt nicht schwer sind: die Lücke im Terminkalender aufspüren, das ausverkaufte Modell bei einem Zwischenhändler finden, ein Eis besorgen für das quengelnde Kundenkind. All das ist: Sterne vom Himmel holen. Und nicht nur für den Kunden, sondern auch für sich selbst mit einer kleinen Heldentat ein großes Stück Glück einfangen.

## Haltung heißt, etwas richtig machen statt einfach wie immer.

# HALLO, DU!

## *Glücksmomente brauchen ein Gegenüber*

*„Nett kann ich auch, bringt aber nix"* – kennen Sie dieses Schild? Es hängt über vielen Schreibtischen in vielen Unternehmen. Typische Reaktion: *Grins*. Kann ich verstehen. Niemand will sich ausnutzen oder für dumm verkaufen lassen. Nur: Ist das die Haltung, die uns stark macht in unserer stressigen Arbeitswelt? Eher nicht.

Was wäre, wenn wir den Spruch austauschen gegen: *„Lächle und schau zu, wie sich Deine Welt verwandelt."* Klingt natürlich nicht so krass. Schroff sein, kalt und abweisend, das sind die Waffen, mit denen heute Eindruck gemacht wird. Doch es sind die Waffen der Schwachen.

**PERSÖNLICHKEITEN**

*Eine große Persönlichkeit braucht kein großes Ego.*

Große Persönlichkeiten lächeln. Sie sind umwerfend charmant, entwaffnend humorvoll und sehr großherzig, der Reinigungskraft gegenüber genauso wie dem wichtigsten Kunden oder dem höchsten Chef. Sie schaffen berührende Momente – und sind damit sehr erfolgreich.

### Haltung macht den Unterschied

Begegnung ist keine Einbahnstraße. Ein anderer kommt zwar auf mich zu – aber ich begegne auch ihm. Ich blicke ihm in die Augen, oder ich verweigere meinen Blick. Ich zeige eine offene Körperhaltung, oder verschränke die Arme. Ich beginne ein Gespräch, oder ich schweige. Meine Haltung macht den Unterschied. Es liegt auch an mir, ob das jetzt ein Glücksmoment wird. Oder nicht. Fakt ist, und das hat die US-amerikanische Krebsärztin Imrana Malik sehr eindrücklich formuliert: *„Jeder Augenblick ist so schön, wie man ihn sieht, jeder Moment so einzigartig, wie man ihn empfindet und jeder Mensch so wichtig, wie man ihn im Herzen hat."*

Leider ist diese Perspektive ungewöhnlich, vor allem in einem „Ingenieursland", wo Produkte und Prozesse im Fokus stehen, sympathische und professionelle Dienstleistung aber oft vergessen wird. Und sie ist auch in einer Wirtschaftswelt nicht einfach, die sich mehr auf Boni, Reputation und Karriere konzentriert als auf Menschmomente. Doch sie ist möglich. Und ein Glückbringer für alle.

### Jeder Menschmoment beginnt bei mir

Erste Voraussetzung für gelingende Begegnung ist, so meine ich, dass man sich selbst zumindest minimal leiden mag. Für die einen ist schon das nicht einfach. Andere mögen sich selbst so maximal, dass sie in der Begegnung kaum von sich selbst absehen. Doch das Glück der Begegnung kann sich erst einstellen, wenn ich nicht selbst das gesamte Bild ausfülle. Wenn ich Platz lasse für den anderen und für das, was zwischen uns geschieht.

**SYMPATHIE**
Spontane Zuneigung, eine gemeinsame Wellenlänge – das ist Sympathie.

Haltung heißt auch, mein Gegenüber statt mit dem Prüfblick eines TÜV-Mitarbeiters lieber mit dem Herzen zu sehen. Wohlwollend und großzügig. *„Sich zu sehr an die Fakten zu halten"*, hat Karl Lagerfeld gesagt, *„kann die Essenz der Dinge verderben. Das innere Auge erkennt oft mehr."* Ich meine, das stimmt genauso für die Essenz des Menschen, der mir gegenübersteht.

Es geht nicht darum Menschmomente zu feiern, *um* glücklich zu sein. Sondern es ist ein Glück, meinem Gegenüber Menschmomente zu schenken. Und die tausendfach zurückkommenden Menschmomente zu feiern. Einfach so.

**EINFACH SO**
Wo ein Herz ist, da ist auch Glück.

# Die bewusste Begegnung mit dem Moment lässt uns das Leben spüren. Welch ein Glück!

Ich reise nie ohne mein

# TAGEBUCH.

Man sollte im Zug immer etwas

# ANREGENDES

zum Lesen haben.

OSCAR WILDE

# 1

## MEIN TAGEBUCH

*für besondere Menschmomente*

# UND SO GEHT'S

## *Momente schaffen für mich selbst – und andere*

Dieses Tagebuch lädt Sie dazu ein, jeden Tag mit einem besonderen Morgenmoment zu beginnen und mit einem schönen Abendmoment abzuschließen. Gönnen Sie sich einen dampfenden Kaffee oder Tee in der Früh, und stellen Sie sich Ihre schönsten Menschmomente des Tages vor: Auf welchen freuen Sie sich schon jetzt? Ist noch keiner in Sicht, planen Sie schon jetzt bewusst einen Plausch mit dem Lieblingskollegen, einen Cappuccino mit Ihrer Freundin, Schwester, Ihrem Kunden oder Nachbarn. Damit haben Sie die WER-Frage schon beantwortet.

**CHANCEN WECKEN**

Menschmomente brauchen manchmal unseren bewussten Anstoß. Dann erst haben sie die Chance, sich zu entfalten.

Jetzt kommt das WIE: Mit welcher Haltung möchten Sie durch den Tag gehen? Was möchten Sie ausstrahlen? Wie mögen Sie sich selbst am liebsten? Und was fordert das Leben gerade von Ihnen? An manchem Tagen ist es Zuversicht, an anderen eher Charme und Esprit. Wenn es heiß her geht, setzen Sie auf Gelassenheit und Humor. Wollen Sie jetzt ein Ziel erreichen, wählen Sie Konzentration und Mut. Welche Haltung gibt Ihnen heute Halt?

### Abendmoment: Der Rückblick auf den Tag

Am Abend blicken Sie auf die Menschmomente Ihres Tages zurück. Konnten Sie aus Ihrer inneren Haltung heraus guten Mutes handeln? Was haben Sie erlebt? Mit wem? Wie hat sich Ihr schönster Menschmoment für Sie angefühlt? Wofür genau sind Sie an diesem Tag dankbar?

Ihre Dankbarkeit muss sich übrigens nicht unbedingt auf einen Menschmoment beziehen, hier dürfen Sie ruhig größer denken. Nur wenn´s geht, immer von Ihrem eigenen Herzen aus.

### Meine Woche: Rückblick und Vorschau

Nach jeder Woche finden Sie Raum, um Abstand vom Alltagstrubel zu nehmen und in Ruhe nachzudenken: Welche Begegnungen gingen Ihnen besonders zu Herzen? Welche schwierigen Situationen haben Sie bewältigt? Was hat Sie fasziniert?

Nach dem Rückblick kommt die Vorschau auf die kommende Woche. Wenn Ihr Tag immer brechend voll ist, brauchen Sie ein wenig Muße, um Platz für schöne Menschmomente zu finden. Je weniger Zeit Sie haben, desto wichtiger ist ein klarer Fokus: Auf welche Begegnungen möchten Sie sich konzentrieren?

### Vom Lesen zum Schreiben

Passend zu Ihren Tagebuchseiten für je vier Wochen finden Sie immer einen kleinen Text zum Nachdenken: kleine Geschichten und Gedanken, die Sie zu vielen neuen und schönen Menschmomenten inspirieren möchten.

Und wenn Sie Ihren Kalender randvoll mit Menschmomenten gefüllt haben, so dass Sie sich einen Neuen wünschen? Dann schauen Sie auf Amazon oder meiner Webseite **www.sabinehuebner.de/books/menschmomente**

# Und jetzt sind Sie dran. Viel Freude mit Ihrem Tagebuch für besondere Menschmomente!

# MO

**MEIN MORGENMOMENT**

Heute freue ich mich auf einen Menschmoment mit:

.................................................................................................................

Mit dieser inneren Haltung gehe ich heute durch den Tag:

.................................................................................................................

**MEIN ABENDMOMENT**

Mein Menschmoment heute war für mich:

.................................................................................................................

Ich bin heute besonders dankbar für:

.................................................................................................................

# DI

**MEIN MORGENMOMENT**

Heute freue ich mich auf einen Menschmoment mit:

.................................................................................................................

Mit dieser inneren Haltung gehe ich heute durch den Tag:

.................................................................................................................

**MEIN ABENDMOMENT**

Mein Menschmoment heute war für mich:

.................................................................................................................

Ich bin heute besonders dankbar für:

.................................................................................................................

# MI

**MEIN MORGENMOMENT**

Heute freue ich mich auf einen Menschmoment mit:

Mit dieser inneren Haltung gehe ich heute durch den Tag:

**MEIN ABENDMOMENT**

Mein Menschmoment heute war für mich:

Ich bin heute besonders dankbar für:

# DO

**MEIN MORGENMOMENT**

Heute freue ich mich auf einen Menschmoment mit:

Mit dieser inneren Haltung gehe ich heute durch den Tag:

**MEIN ABENDMOMENT**

Mein Menschmoment heute war für mich:

Ich bin heute besonders dankbar für:

**MEIN MORGENMOMENT**

Heute freue ich mich auf einen Menschmoment mit:

..............................................................................................

Mit dieser inneren Haltung gehe ich heute durch den Tag:

..............................................................................................

**MEIN ABENDMOMENT**

Mein Menschmoment heute war für mich:

..............................................................................................

Ich bin heute besonders dankbar für:

..............................................................................................

*Monde und Jahre vergehen, aber*

# EIN SCHÖNER
# MOMENT LEUCHTET

*das Leben hindurch.*

(Franz Grillparzer)

# RÜCKBLICK

### YEAH DER WOCHE

Das ist mir echt gut gelungen:

### MEIN MENSCHMOMENT –

eine unvergessliche Begegnung

### GRRR DER WOCHE

Welche schwierige Situation habe ich bewältigt?

# VORSCHAU

### MENSCHMOMENT DER WOCHE

Auf welche Menschmomente freue ich mich?

### FOKUS DER WOCHE

Worauf möchte ich mich in Begegnungen besonders konzentrieren?

### AUFGABE DER WOCHE

Was will ich unbedingt erledigen?

# MO

**MEIN MORGENMOMENT**

Heute freue ich mich auf einen Menschmoment mit:

........................................................................................................................

Mit dieser inneren Haltung gehe ich heute durch den Tag:

........................................................................................................................

**MEIN ABENDMOMENT**

Mein Menschmoment heute war für mich:

........................................................................................................................

Ich bin heute besonders dankbar für:

........................................................................................................................

# DI

**MEIN MORGENMOMENT**

Heute freue ich mich auf einen Menschmoment mit:

........................................................................................................................

Mit dieser inneren Haltung gehe ich heute durch den Tag:

........................................................................................................................

**MEIN ABENDMOMENT**

Mein Menschmoment heute war für mich:

........................................................................................................................

Ich bin heute besonders dankbar für:

........................................................................................................................

# MI

## MEIN MORGENMOMENT

Heute freue ich mich auf einen Menschmoment mit:

Mit dieser inneren Haltung gehe ich heute durch den Tag:

## MEIN ABENDMOMENT

Mein Menschmoment heute war für mich:

Ich bin heute besonders dankbar für:

# DO

## MEIN MORGENMOMENT

Heute freue ich mich auf einen Menschmoment mit:

Mit dieser inneren Haltung gehe ich heute durch den Tag:

## MEIN ABENDMOMENT

Mein Menschmoment heute war für mich:

Ich bin heute besonders dankbar für:

### MEIN MORGENMOMENT

Heute freue ich mich auf einen Menschmoment mit:

.............................................................................................................................

Mit dieser inneren Haltung gehe ich heute durch den Tag:

.............................................................................................................................

### MEIN ABENDMOMENT

Mein Menschmoment heute war für mich:

.............................................................................................................................

Ich bin heute besonders dankbar für:

.............................................................................................................................

*Ein gutes Gespräch ist*

# WIE MUSIK:

*Es klingt nach*

# IN UNSERER SEELE.

(Sabine Hübner)

# RÜCKBLICK

### AHH DER WOCHE

Was hat mich besonders fasziniert?

### WOW DER WOCHE

Womit habe ich jemandem ein WOW! auf die Lippen gezaubert?

### DANK DER WOCHE

Wofür bin ich dankbar?

# VORSCHAU

### MENSCHMOMENT DER WOCHE

Auf welche Menschmomente freue ich mich?

### FOKUS DER WOCHE

Worauf möchte ich mich in Begegnungen besonders konzentrieren?

### AUFGABE DER WOCHE

Was will ich unbedingt erledigen?

# MO

## MEIN MORGENMOMENT

Heute freue ich mich auf einen Menschmoment mit:

.............................................................................................................................................

Mit dieser inneren Haltung gehe ich heute durch den Tag:

.............................................................................................................................................

## MEIN ABENDMOMENT

Mein Menschmoment heute war für mich:

.............................................................................................................................................

Ich bin heute besonders dankbar für:

.............................................................................................................................................

# DI

## MEIN MORGENMOMENT

Heute freue ich mich auf einen Menschmoment mit:

.............................................................................................................................................

Mit dieser inneren Haltung gehe ich heute durch den Tag:

.............................................................................................................................................

## MEIN ABENDMOMENT

Mein Menschmoment heute war für mich:

.............................................................................................................................................

Ich bin heute besonders dankbar für:

.............................................................................................................................................

# MI

**MEIN MORGENMOMENT**

Heute freue ich mich auf einen Menschmoment mit:

.....................................................................................................................

Mit dieser inneren Haltung gehe ich heute durch den Tag:

.....................................................................................................................

**MEIN ABENDMOMENT**

Mein Menschmoment heute war für mich:

.....................................................................................................................

Ich bin heute besonders dankbar für:

.....................................................................................................................

# DO

**MEIN MORGENMOMENT**

Heute freue ich mich auf einen Menschmoment mit:

.....................................................................................................................

Mit dieser inneren Haltung gehe ich heute durch den Tag:

.....................................................................................................................

**MEIN ABENDMOMENT**

Mein Menschmoment heute war für mich:

.....................................................................................................................

Ich bin heute besonders dankbar für:

.....................................................................................................................

# FR

**MEIN MORGENMOMENT**

Heute freue ich mich auf einen Menschmoment mit:

........................................................................................................

Mit dieser inneren Haltung gehe ich heute durch den Tag:

........................................................................................................

**MEIN ABENDMOMENT**

Mein Menschmoment heute war für mich:

........................................................................................................

Ich bin heute besonders dankbar für:

........................................................................................................

# DIE ERKENNTNIS

*eines Moments ist manchmal*

# SO VIEL WERT

*wie die Erfahrungen eines ganzen Lebens.*

(Oliver Wendel Holmes Sr.)

# RÜCKBLICK

### MEIN STOLZMOMENT

Welche Situation habe ich gerettet?

### AHA DER WOCHE

Was habe ich gelernt?

### HUCH DER WOCHE

Das kann ich besser ...

# VORSCHAU

### MENSCHMOMENT DER WOCHE

Auf welche Menschmomente freue ich mich?

### FOKUS DER WOCHE

Worauf möchte ich mich in Begegnungen besonders konzentrieren?

### AUFGABE DER WOCHE

Was will ich unbedingt erledigen?

# MO

**MEIN MORGENMOMENT**

Heute freue ich mich auf einen Menschmoment mit:

.............................................................................................

Mit dieser inneren Haltung gehe ich heute durch den Tag:

.............................................................................................

**MEIN ABENDMOMENT**

Mein Menschmoment heute war für mich:

.............................................................................................

Ich bin heute besonders dankbar für:

.............................................................................................

# DI

**MEIN MORGENMOMENT**

Heute freue ich mich auf einen Menschmoment mit:

.............................................................................................

Mit dieser inneren Haltung gehe ich heute durch den Tag:

.............................................................................................

**MEIN ABENDMOMENT**

Mein Menschmoment heute war für mich:

.............................................................................................

Ich bin heute besonders dankbar für:

.............................................................................................

# MI ———————————————————————————

**MEIN MORGENMOMENT**

Heute freue ich mich auf einen Menschmoment mit:

.............................................................................................................

Mit dieser inneren Haltung gehe ich heute durch den Tag:

.............................................................................................................

**MEIN ABENDMOMENT**

Mein Menschmoment heute war für mich:

.............................................................................................................

Ich bin heute besonders dankbar für:

.............................................................................................................

# DO ———————————————————————————

**MEIN MORGENMOMENT**

Heute freue ich mich auf einen Menschmoment mit:

.............................................................................................................

Mit dieser inneren Haltung gehe ich heute durch den Tag:

.............................................................................................................

**MEIN ABENDMOMENT**

Mein Menschmoment heute war für mich:

.............................................................................................................

Ich bin heute besonders dankbar für:

.............................................................................................................

## FR

**MEIN MORGENMOMENT**

Heute freue ich mich auf einen Menschmoment mit:

..................................................................................................

Mit dieser inneren Haltung gehe ich heute durch den Tag:

..................................................................................................

**MEIN ABENDMOMENT**

Mein Menschmoment heute war für mich:

..................................................................................................

Ich bin heute besonders dankbar für:

..................................................................................................

*In einem*

# MOMENT

*kann sich plötzlich alles*

# VERÄNDERN.

(Paul Auster)

# RÜCKBLICK

## UPS DER WOCHE

Das ist gerade noch mal gut gegangen …

## MEIN LACHMOMENT

Darüber habe ich mit einem Kunden gelacht:

## ME-TIME

Das habe ich heute für mich getan …

# VORSCHAU

## MENSCHMOMENT DER WOCHE

Auf welche Menschmomente freue ich mich?

## FOKUS DER WOCHE

Worauf möchte ich mich in Begegnungen besonders konzentrieren?

## AUFGABE DER WOCHE

Was will ich unbedingt erledigen?

*Jedes*

# GESCHENK,

*das von*

# HERZEN

*kommt ist ein*

# GLÜCKWUNSCH.

SABINE HÜBNER

# 2

# MEIN TAGEBUCH

*für besondere Menschmomente*

# EIN MOMENT FÜR WÜNSCHE

## *Warum Wünsche erfüllen uns selbst beglückt*

Fernweh? Kennt man. Heimweh auch. Ich leide gelegentlich unter einem ähnlichen Symptom, nennen wir es Cappuccino-Weh. Und das sieht man mir offensichtlich an. Jedenfalls bemerkte kürzlich eine junge Mitarbeiterin mit Pausen-Cappuccino meinen sehnsüchtigen Blick, als ich auf einen Termin wartete. Sie brachte mir ungefragt eine große Tasse. „Sie sind eine gute Fee", bedankte ich mich lachend. „Und Sie haben jetzt noch zwei Wünsche frei", zwinkerte sie mir zu. „Mindestens!".

### Richtig schenken heißt richtig hinschauen

**REZIPROZITÄT**

Das Prinzip der Gegenseitigkeit ist eines der ältesten Grundprinzipien menschlichen Handelns. Aufmerksamkeit gehört dazu.

Natürlich hätte ich mir auf dem Hinweg einen Cappuccino-to-Go holen können. Aber es wäre nicht das gleiche gewesen, vor allem hätte ich mich daran überhaupt nicht erinnert. *„Die besten Dinge im Leben sind nicht die, die man für Geld bekommt"*, hat Einstein einmal gesagt. Ich finde: Die besten Dinge im Leben sind nicht einmal Dinge, sondern glückliche Augenblicke. Menschmomente sind die schönsten Geschenke überhaupt.

Eigentlich wissen wir das: Das Schöne an einer Verlobung ist der Beginn des gemeinsamen Lebenswegs, nicht der Ring. Das Schöne am Führerschein ist die gewonnene Freiheit, nicht das erste Auto. Und so ist das Schöne an einem spendierten Cappuccino das „Ich-habe-Deinen-Wunsch-gespürt", nicht die 200 Milliliter Heißgetränk in Porzellan.

Blicken Sie kurz zurück: An welche Geschenke erinnern Sie sich besonders gern? Einen besonderen Platz in meinem Herzen nimmt ein roter Hoptimist ein, den ich von einer sehr lieben Freundin bekommen habe. Außerdem zaubert mir meine Kühlschranktür jeden Tag ein Lächeln aufs Gesicht. Warum? Hier hängen unzählige Magnete – hübsch, ausgefallen, albern – die Freunde mir aus dem Urlaub mitgebracht haben, eine Kinderzeichnung, ein Spruch aus einem Glückskeks. Am meisten freue ich mich über kleine Geschenke, die ich mir gar nicht gewünscht hatte – die aber mein Herz berühren.

### Lieber ein fast perfekter Wunsch-Moment als gar keiner

Wünsche erfüllen muss kein großes Geld kosten. Die meisten Menschmomente kosten gar kein Geld. Nur Aufmerksamkeit. Und wenn uns nur ein wenig Aufmerksamkeit gelingt, wenn wir dann den Mut haben, für einen anderen das Richtige zu tun, kommt etwas ganz Besonderes zurück: Freude!

Die Freude des anderen ist das spontane Gegengeschenk, das unser eigenes Herz höherschlagen lässt. Kaum etwas freut uns doch selbst mehr als die Freude, die wir anderen verschafft haben. Ich empfinde es jedenfalls so. Sie auch?

Warum erfüllen wir anderen dann so selten einen Wunsch? Ich glaube: Weil wir zu viel nachdenken: Was, wenn ich die falsche Kaffee-Sorte bringe? Weil wir zu viel Angst haben: Was, wenn die Cappuccino-Weh-Diagnose doch nicht stimmt? Und weil wir verlernt haben, auf unser Herz zu hören.

Hand auf's Herz: Was hätten Sie lieber? Einen Kaffee, der zu ungefähr 50 Prozent Ihrem Lieblingskaffee entspricht? Oder 100 Prozent Ignoranz? Na also. Dann trauen Sie sich doch mal!

**PERFEKTIONISMUS**

Ein großes Herz plus Gewissenhaftigkeit sorgen für viel mehr Glück als kleinmütiger Perfektionismus.

## Menschmomente sind die schönsten Geschenke überhaupt.

# MO _____

### ☕ MEIN MORGENMOMENT

Heute freue ich mich auf einen Menschmoment mit:

.................................................................................................

Mit dieser inneren Haltung gehe ich heute durch den Tag:

.................................................................................................

### ☆ MEIN ABENDMOMENT

Mein Menschmoment heute war für mich:

.................................................................................................

Ich bin heute besonders dankbar für:

.................................................................................................

# DI _____

### ☀ MEIN MORGENMOMENT

Heute freue ich mich auf einen Menschmoment mit:

.................................................................................................

Mit dieser inneren Haltung gehe ich heute durch den Tag:

.................................................................................................

### ☾ MEIN ABENDMOMENT

Mein Menschmoment heute war für mich:

.................................................................................................

Ich bin heute besonders dankbar für:

.................................................................................................

# MI

### MEIN MORGENMOMENT

Heute freue ich mich auf einen Menschmoment mit:

......................................................................................................................

Mit dieser inneren Haltung gehe ich heute durch den Tag:

......................................................................................................................

### MEIN ABENDMOMENT

Mein Menschmoment heute war für mich:

......................................................................................................................

Ich bin heute besonders dankbar für:

......................................................................................................................

# DO

### MEIN MORGENMOMENT

Heute freue ich mich auf einen Menschmoment mit:

......................................................................................................................

Mit dieser inneren Haltung gehe ich heute durch den Tag:

......................................................................................................................

### MEIN ABENDMOMENT

Mein Menschmoment heute war für mich:

......................................................................................................................

Ich bin heute besonders dankbar für:

......................................................................................................................

# FR

**MEIN MORGENMOMENT**

Heute freue ich mich auf einen Menschmoment mit:

Mit dieser inneren Haltung gehe ich heute durch den Tag:

**MEIN ABENDMOMENT**

Mein Menschmoment heute war für mich:

Ich bin heute besonders dankbar für:

# ES IST SCHÖN,

*den Augen dessen zu begegnen, den man soeben*

# BESCHENKT

*hat.*

(Jean de La Bruyère)

# RÜCKBLICK

### YEAH DER WOCHE

Das ist mir echt gut gelungen:

### MEIN MENSCHMOMENT –

eine unvergessliche Begegnung

### GRRR DER WOCHE

Welche schwierige Situation habe ich bewältigt?

# VORSCHAU

### MENSCHMOMENT DER WOCHE

Auf welche Menschmomente freue ich mich?

### FOKUS DER WOCHE

Worauf möchte ich mich in Begegnungen besonders konzentrieren?

### AUFGABE DER WOCHE

Was will ich unbedingt erledigen?

# MO

**MEIN MORGENMOMENT**

Heute freue ich mich auf einen Menschmoment mit:

.........................................................................................................................................................

Mit dieser inneren Haltung gehe ich heute durch den Tag:

.........................................................................................................................................................

**MEIN ABENDMOMENT**

Mein Menschmoment heute war für mich:

.........................................................................................................................................................

Ich bin heute besonders dankbar für:

.........................................................................................................................................................

# DI

**MEIN MORGENMOMENT**

Heute freue ich mich auf einen Menschmoment mit:

.........................................................................................................................................................

Mit dieser inneren Haltung gehe ich heute durch den Tag:

.........................................................................................................................................................

**MEIN ABENDMOMENT**

Mein Menschmoment heute war für mich:

.........................................................................................................................................................

Ich bin heute besonders dankbar für:

.........................................................................................................................................................

# MI

## MEIN MORGENMOMENT

Heute freue ich mich auf einen Menschmoment mit:

Mit dieser inneren Haltung gehe ich heute durch den Tag:

## MEIN ABENDMOMENT

Mein Menschmoment heute war für mich:

Ich bin heute besonders dankbar für:

# DO

## MEIN MORGENMOMENT

Heute freue ich mich auf einen Menschmoment mit:

Mit dieser inneren Haltung gehe ich heute durch den Tag:

## MEIN ABENDMOMENT

Mein Menschmoment heute war für mich:

Ich bin heute besonders dankbar für:

# FR

 **MEIN MORGENMOMENT**

Heute freue ich mich auf einen Menschmoment mit:

......................................................................................................

Mit dieser inneren Haltung gehe ich heute durch den Tag:

......................................................................................................

**MEIN ABENDMOMENT**

Mein Menschmoment heute war für mich:

......................................................................................................

Ich bin heute besonders dankbar für:

......................................................................................................

*Wer einem Anderen eine*

# KLEINE FREUDE

*macht, schenkt sich selbst*

# GROSSES GLÜCK.

(Sabine Hübner)

# RÜCKBLICK

### AHH DER WOCHE

Was hat mich besonders fasziniert?

### WOW DER WOCHE

Womit habe ich jemandem ein WOW! auf die Lippen gezaubert?

### DANK DER WOCHE

Wofür bin ich dankbar?

# VORSCHAU

### MENSCHMOMENT DER WOCHE

Auf welche Menschmomente freue ich mich?

### FOKUS DER WOCHE

Worauf möchte ich mich in Begegnungen besonders konzentrieren?

### AUFGABE DER WOCHE

Was will ich unbedingt erledigen?

# MO

☕ **MEIN MORGENMOMENT**

Heute freue ich mich auf einen Menschmoment mit:

......................................................................................................................

Mit dieser inneren Haltung gehe ich heute durch den Tag:

......................................................................................................................

☄ **MEIN ABENDMOMENT**

Mein Menschmoment heute war für mich:

......................................................................................................................

Ich bin heute besonders dankbar für:

......................................................................................................................

# DI

☀ **MEIN MORGENMOMENT**

Heute freue ich mich auf einen Menschmoment mit:

......................................................................................................................

Mit dieser inneren Haltung gehe ich heute durch den Tag:

......................................................................................................................

☽ **MEIN ABENDMOMENT**

Mein Menschmoment heute war für mich:

......................................................................................................................

Ich bin heute besonders dankbar für:

......................................................................................................................

# MI

## MEIN MORGENMOMENT

Heute freue ich mich auf einen Menschmoment mit:

...................................................................................................................................

Mit dieser inneren Haltung gehe ich heute durch den Tag:

...................................................................................................................................

## MEIN ABENDMOMENT

Mein Menschmoment heute war für mich:

...................................................................................................................................

Ich bin heute besonders dankbar für:

...................................................................................................................................

# DO

## MEIN MORGENMOMENT

Heute freue ich mich auf einen Menschmoment mit:

...................................................................................................................................

Mit dieser inneren Haltung gehe ich heute durch den Tag:

...................................................................................................................................

## MEIN ABENDMOMENT

Mein Menschmoment heute war für mich:

...................................................................................................................................

Ich bin heute besonders dankbar für:

...................................................................................................................................

# FR

### MEIN MORGENMOMENT

Heute freue ich mich auf einen Menschmoment mit:

......................................................................................................

Mit dieser inneren Haltung gehe ich heute durch den Tag:

......................................................................................................

### MEIN ABENDMOMENT

Mein Menschmoment heute war für mich:

......................................................................................................

Ich bin heute besonders dankbar für:

......................................................................................................

*Glaube mir, dass eine Stunde*

# BEGEISTERUNG

*mehr*

# GILT

*als ein Jahr dahinziehenden Lebens.*

(Christian Morgenstern)

# RÜCKBLICK

### MEIN STOLZMOMENT

Welche Situation habe ich gerettet?

### AHA DER WOCHE

Was habe ich gelernt?

### HUCH DER WOCHE

Das kann ich besser ...

# VORSCHAU

### MENSCHMOMENT DER WOCHE

Auf welche Menschmomente freue ich mich?

### FOKUS DER WOCHE

Worauf möchte ich mich in Begegnungen besonders konzentrieren?

### AUFGABE DER WOCHE

Was will ich unbedingt erledigen?

# MO

**MEIN MORGENMOMENT**

Heute freue ich mich auf einen Menschmoment mit:

Mit dieser inneren Haltung gehe ich heute durch den Tag:

**MEIN ABENDMOMENT**

Mein Menschmoment heute war für mich:

Ich bin heute besonders dankbar für:

# DI

**MEIN MORGENMOMENT**

Heute freue ich mich auf einen Menschmoment mit:

Mit dieser inneren Haltung gehe ich heute durch den Tag:

**MEIN ABENDMOMENT**

Mein Menschmoment heute war für mich:

Ich bin heute besonders dankbar für:

# MI

### MEIN MORGENMOMENT

Heute freue ich mich auf einen Menschmoment mit:

Mit dieser inneren Haltung gehe ich heute durch den Tag:

### MEIN ABENDMOMENT

Mein Menschmoment heute war für mich:

Ich bin heute besonders dankbar für:

# DO

### MEIN MORGENMOMENT

Heute freue ich mich auf einen Menschmoment mit:

Mit dieser inneren Haltung gehe ich heute durch den Tag:

### MEIN ABENDMOMENT

Mein Menschmoment heute war für mich:

Ich bin heute besonders dankbar für:

# FR

**MEIN MORGENMOMENT**

Heute freue ich mich auf einen Menschmoment mit:

Mit dieser inneren Haltung gehe ich heute durch den Tag:

**MEIN ABENDMOMENT**

Mein Menschmoment heute war für mich:

Ich bin heute besonders dankbar für:

*Ein freundliches*

# WORT

*kostet nichts, und dennoch ist es das schönste aller*

# GESCHENKE

(Daphne du Maurier)

# RÜCKBLICK

### UPS DER WOCHE

Das ist gerade noch mal gut gegangen …

### MEIN LACHMOMENT

Darüber habe ich mit einem Kunden gelacht:

### ME-TIME

Das habe ich heute für mich getan …

# VORSCHAU

### MENSCHMOMENT DER WOCHE

Auf welche Menschmomente freue ich mich?

### FOKUS DER WOCHE

Worauf möchte ich mich in Begegnungen besonders konzentrieren?

### AUFGABE DER WOCHE

Was will ich unbedingt erledigen?

# DANKBARKEIT

*ist das*

# GEDÄCHTNIS

*des Herzens.*

JEAN-BAPTISTE MASSILON

# 3

# MEIN TAGEBUCH

*für besondere Menschmomente*

# EIN MOMENT FÜR EIN DANKESCHÖN

## *Vom Glück, dankbar zu sein*

Wir reden nicht gerne darüber, aber es stimmt: Der Dank hat eine dunkle Seite. Es ist der Dank, den wir jemandem für etwas schulden, das wir gar nicht haben wollten: Tante Gerdas ungeliebte Geburtstagsgeschenke, Trockenkuchen zum Jubiläum, Sie wissen, was ich meine... Einen Dank schuldig sein, etwas mit Dank vergelten müssen – diese Art der Dankbarkeit fühlt sich nicht an wie ein verbindendes Band, sondern wie eine schwere Kette, die uns unfrei macht und unaufrichtig. Weg damit!

**DANKESCHÖN!**
Dankbarkeit ist der Königsweg zum Glück.

Dankbarkeit aus tiefstem Herzen ist etwas ganz, ganz anderes. Sie zielt über das kleinliche Tantengeschenk und die Trockenkuchenkrümel hinaus auf das Glück, überhaupt eine Familie zu haben, Freunde, Kollegen, überhaupt einigermaßen gesund zu sein und zu leben. Leben!

### Dankbarkeit ist zu Glück verwandelte Liebe

*„Nicht die Glücklichen sind dankbar. Es sind die Dankbaren, die glücklich sind"*, diese Worte von Francis Bacon sind eine gute Nachricht: Glück kann man lernen, weil man Dankbarkeit lernen kann! Ein Tagebuch wie dieses kann helfen, den eigenen Blick auf das zu richten, wofür man dankbar sein möchte. Aufschreiben macht aus flüchtigen Momenten Erinnerungen. Dankbarkeit macht aus Erinnerungen Freude. Und von der Freude zum Glück ist es nur noch ein kleiner Schritt.

Ich sage: *Dankbarkeit ist zu Glück verwandelte Liebe*. Das sind gleich drei große Worte in einem einzigen Satz. Ein bisschen viel auf einmal? Wenn wir genauer hinschauen, ist es ganz einfach: Je dankbarer ich werde – aufschreiben hilft – desto mehr liebe ich das Leben. Und desto mehr lerne ich zu sehen, was in meinem vielleicht nicht sehr farbigen Jeden-Tag-Leben trotz allem schön ist, was strahlt, was zu leben lohnt. Was mich glücklich macht.

Oft steckt das alltägliche Glück eben in den kleinen Momenten. Und dabei kommt es oft nicht einmal darauf an, *was* genau den Moment ausmacht. Sondern *wie* er uns berührt. Und mehr noch: *Wer* es war, mit dem wir diesen Moment geteilt haben.

Man braucht keine großen Worte, um das gute Gefühl der Dankbarkeit zu teilen: „Danke für unser schönes Gespräch gerade, es hat mir richtig gut getan!" Oder: „Danke, dass Du auf mich gewartet hast, ich freue mich sehr auf den Moment mit Dir." Oder: „Danke für Dein schönes Lachen, Du hast mich mit Deiner guten Laune angesteckt!" Würden Sie sich über ein solches Dankeschön freuen? Na klar! Also: Für was sind Sie heute dankbar? Wem möchten Sie ein Dankeschön schenken?

## Dankbarkeit macht glücklich.

# MO

 **MEIN MORGENMOMENT**

Heute freue ich mich auf einen Menschmoment mit:

........................................................................................................

Mit dieser inneren Haltung gehe ich heute durch den Tag:

........................................................................................................

**MEIN ABENDMOMENT**

Mein Menschmoment heute war für mich:

........................................................................................................

Ich bin heute besonders dankbar für:

........................................................................................................

# DI

**MEIN MORGENMOMENT**

Heute freue ich mich auf einen Menschmoment mit:

........................................................................................................

Mit dieser inneren Haltung gehe ich heute durch den Tag:

........................................................................................................

**MEIN ABENDMOMENT**

Mein Menschmoment heute war für mich:

........................................................................................................

Ich bin heute besonders dankbar für:

........................................................................................................

# MI

## MEIN MORGENMOMENT

Heute freue ich mich auf einen Menschmoment mit:

..................................................................................................

Mit dieser inneren Haltung gehe ich heute durch den Tag:

..................................................................................................

## MEIN ABENDMOMENT

Mein Menschmoment heute war für mich:

..................................................................................................

Ich bin heute besonders dankbar für:

..................................................................................................

# DO

## MEIN MORGENMOMENT

Heute freue ich mich auf einen Menschmoment mit:

..................................................................................................

Mit dieser inneren Haltung gehe ich heute durch den Tag:

..................................................................................................

## MEIN ABENDMOMENT

Mein Menschmoment heute war für mich:

..................................................................................................

Ich bin heute besonders dankbar für:

..................................................................................................

**MEIN MORGENMOMENT**

Heute freue ich mich auf einen Menschmoment mit:

......................................................................................................................

Mit dieser inneren Haltung gehe ich heute durch den Tag:

......................................................................................................................

**MEIN ABENDMOMENT**

Mein Menschmoment heute war für mich:

......................................................................................................................

Ich bin heute besonders dankbar für:

......................................................................................................................

*Wenn du Freude in deinem*

# HERZEN

*trägst, kannst du jeden Moment*

# VERZAUBERN.

(Sabine Hübner)

# RÜCKBLICK

### YEAH DER WOCHE

Das ist mir echt gut gelungen:

### MEIN MENSCHMOMENT –
eine unvergessliche Begegnung

### GRRR DER WOCHE

Welche schwierige Situation habe ich bewältigt?

# VORSCHAU

### MENSCHMOMENT DER WOCHE

Auf welche Menschmomente freue ich mich?

### FOKUS DER WOCHE

Worauf möchte ich mich in Begegnungen besonders konzentrieren?

### AUFGABE DER WOCHE

Was will ich unbedingt erledigen?

# MO

**MEIN MORGENMOMENT**

Heute freue ich mich auf einen Menschmoment mit:

.........................................................................

Mit dieser inneren Haltung gehe ich heute durch den Tag:

.........................................................................

**MEIN ABENDMOMENT**

Mein Menschmoment heute war für mich:

.........................................................................

Ich bin heute besonders dankbar für:

.........................................................................

# DI

**MEIN MORGENMOMENT**

Heute freue ich mich auf einen Menschmoment mit:

.........................................................................

Mit dieser inneren Haltung gehe ich heute durch den Tag:

.........................................................................

**MEIN ABENDMOMENT**

Mein Menschmoment heute war für mich:

.........................................................................

Ich bin heute besonders dankbar für:

.........................................................................

# MI

### MEIN MORGENMOMENT

Heute freue ich mich auf einen Menschmoment mit:

Mit dieser inneren Haltung gehe ich heute durch den Tag:

### MEIN ABENDMOMENT

Mein Menschmoment heute war für mich:

Ich bin heute besonders dankbar für:

# DO

### MEIN MORGENMOMENT

Heute freue ich mich auf einen Menschmoment mit:

Mit dieser inneren Haltung gehe ich heute durch den Tag:

### MEIN ABENDMOMENT

Mein Menschmoment heute war für mich:

Ich bin heute besonders dankbar für:

# FR

### MEIN MORGENMOMENT

Heute freue ich mich auf einen Menschmoment mit:

Mit dieser inneren Haltung gehe ich heute durch den Tag:

### MEIN ABENDMOMENT

Mein Menschmoment heute war für mich:

Ich bin heute besonders dankbar für:

# DANKBARKEIT

*und*

# LIEBE

*sind Geschwister.*

(Christian Morgenstern)

# RÜCKBLICK

### AHH DER WOCHE

Was hat mich besonders fasziniert?

### WOW DER WOCHE

Womit habe ich jemandem ein WOW! auf die Lippen gezaubert?

### DANK DER WOCHE

Wofür bin ich dankbar?

# VORSCHAU

### MENSCHMOMENT DER WOCHE

Auf welche Menschmomente freue ich mich?

### FOKUS DER WOCHE

Worauf möchte ich mich in Begegnungen besonders konzentrieren?

### AUFGABE DER WOCHE

Was will ich unbedingt erledigen?

# MO

### MEIN MORGENMOMENT

Heute freue ich mich auf einen Menschmoment mit:

..................................................................................................

Mit dieser inneren Haltung gehe ich heute durch den Tag:

..................................................................................................

### MEIN ABENDMOMENT

Mein Menschmoment heute war für mich:

..................................................................................................

Ich bin heute besonders dankbar für:

..................................................................................................

# DI

### MEIN MORGENMOMENT

Heute freue ich mich auf einen Menschmoment mit:

..................................................................................................

Mit dieser inneren Haltung gehe ich heute durch den Tag:

..................................................................................................

### MEIN ABENDMOMENT

Mein Menschmoment heute war für mich:

..................................................................................................

Ich bin heute besonders dankbar für:

..................................................................................................

# MI

## MEIN MORGENMOMENT

Heute freue ich mich auf einen Menschmoment mit:

Mit dieser inneren Haltung gehe ich heute durch den Tag:

## MEIN ABENDMOMENT

Mein Menschmoment heute war für mich:

Ich bin heute besonders dankbar für:

# DO

## MEIN MORGENMOMENT

Heute freue ich mich auf einen Menschmoment mit:

Mit dieser inneren Haltung gehe ich heute durch den Tag:

## MEIN ABENDMOMENT

Mein Menschmoment heute war für mich:

Ich bin heute besonders dankbar für:

**MEIN MORGENMOMENT**

Heute freue ich mich auf einen Menschmoment mit:

......................................................................................................................

Mit dieser inneren Haltung gehe ich heute durch den Tag:

......................................................................................................................

**MEIN ABENDMOMENT**

Mein Menschmoment heute war für mich:

......................................................................................................................

Ich bin heute besonders dankbar für:

......................................................................................................................

# EIN

*einziger dankbarer*

# BLICK BERÜHRT

*unendlich mehr als hundert Likes.*

(Sabine Hübner)

# RÜCKBLICK

## MEIN STOLZMOMENT

Welche Situation habe ich gerettet?

## AHA DER WOCHE

Was habe ich gelernt?

## HUCH DER WOCHE

Das kann ich besser ...

# VORSCHAU

## MENSCHMOMENT DER WOCHE

Auf welche Menschmomente freue ich mich?

## FOKUS DER WOCHE

Worauf möchte ich mich in Begegnungen besonders konzentrieren?

## AUFGABE DER WOCHE

Was will ich unbedingt erledigen?

# MO

### ☕ MEIN MORGENMOMENT

Heute freue ich mich auf einen Menschmoment mit:

..........................................................................................................................

Mit dieser inneren Haltung gehe ich heute durch den Tag:

..........................................................................................................................

### ☄ MEIN ABENDMOMENT

Mein Menschmoment heute war für mich:

..........................................................................................................................

Ich bin heute besonders dankbar für:

..........................................................................................................................

# DI

### ☀ MEIN MORGENMOMENT

Heute freue ich mich auf einen Menschmoment mit:

..........................................................................................................................

Mit dieser inneren Haltung gehe ich heute durch den Tag:

..........................................................................................................................

### ☽ MEIN ABENDMOMENT

Mein Menschmoment heute war für mich:

..........................................................................................................................

Ich bin heute besonders dankbar für:

..........................................................................................................................

# MI

## MEIN MORGENMOMENT

Heute freue ich mich auf einen Menschmoment mit:

Mit dieser inneren Haltung gehe ich heute durch den Tag:

## MEIN ABENDMOMENT

Mein Menschmoment heute war für mich:

Ich bin heute besonders dankbar für:

# DO

## MEIN MORGENMOMENT

Heute freue ich mich auf einen Menschmoment mit:

Mit dieser inneren Haltung gehe ich heute durch den Tag:

## MEIN ABENDMOMENT

Mein Menschmoment heute war für mich:

Ich bin heute besonders dankbar für:

# FR

## MEIN MORGENMOMENT

Heute freue ich mich auf einen Menschmoment mit:

................................................................

Mit dieser inneren Haltung gehe ich heute durch den Tag:

................................................................

## MEIN ABENDMOMENT

Mein Menschmoment heute war für mich:

................................................................

Ich bin heute besonders dankbar für:

................................................................

*Das schönste*

# DENKMAL,

*das ein Mensch bekommen kann, steht*

# IM HERZEN

*der Mitmenschen.*

(Albert Schweitzer)

# RÜCKBLICK

### UPS DER WOCHE

Das ist gerade noch mal gut gegangen ...

### MEIN LACHMOMENT

Darüber habe ich mit einem Kunden gelacht:

### ME-TIME

Das habe ich heute für mich getan ...

# VORSCHAU

### MENSCHMOMENT DER WOCHE

Auf welche Menschmomente freue ich mich?

### FOKUS DER WOCHE

Worauf möchte ich mich in Begegnungen besonders konzentrieren?

### AUFGABE DER WOCHE

Was will ich unbedingt erledigen?

*Wenn jeder*

# DEM ANDEREN HELFEN

*wollte, wäre allen geholfen.*

MARIE VON EBNER-ESCHENBACH

# 4

# MEIN TAGEBUCH

*für besondere Menschmomente*

# EIN MOMENT FÜR HILFS- BEREITSCHAFT

*Geschenktes Glück kommt gern zurück*

Kein Duschgel, kein Shampoo. Ich stehe ratlos im Duschraum meines Fitness-Studios, als mir eine junge Sportlerin eine kleine Flasche eines besonderen Duschgels unter die Nase hält. „Wie wär's damit?" Überrascht suche ich nach den richtigen Worten: „Wie nett von Dir, ja, ich wusste nicht, dass hier kein... wie finde ich Dich denn nachher wieder..., wie kann ich Dir denn...?" Die junge Frau lacht über das ganze Gesicht und sagt nur: „Karma comes back!"

## Großherzigkeit zeigt sich in kleinen Gesten

**KARMA**

Alles, was Du tust, wirkt auf Dich zurück. Das Gleiche gilt für das, was Du nicht tust.

Jemandem eine Kleinigkeit schenken, in der Warteschlange den Vortritt lassen, eine Auskunft geben, das Tor aufhalten... Hilfsbereitschaft ist nichts anderes als Großherzigkeit, und Großherzigkeit lebt von kleinen, guten Gesten. Hinter denen jedes Mal eine Entscheidung steht. Wir haben in jeder Sekunde die Wahl, gegenüber dem Anderen überheblich zu sein oder charmant, feige oder mutig, rechthaberisch oder wohlwollend, nachsichtig und freundlich. Leider entscheiden wir uns allzu oft für die kalte Schulter – statt für das große Herz. Ein doppelter Verlust.

Denn Großherzigkeit wirkt doppelt magisch – in der Zeit und in uns selbst. In der Zeit macht sie aus tristem Alltag einen magischen Menschmoment, der in der Erinnerung stundenlang nachwirkt. Wenn er besonders schön ist, sogar für immer. Uns selbst macht Großherzigkeit größer, weil wir uns mit dieser inneren Haltung aus unserem kleinen, engstirnigen Ego befreien, das immer nur bis zur eigenen Nasenspitze schaut.

*„Wirklich reich im Leben werden wir nicht durch uns selbst, sondern nur durch andere"*, sagt der Philosoph Wilhelm Schmid. In unserer Selfie-Zeit lässt sich dieser Gedanke immer schwerer denken, und doch ist er wahr: Wie schnell haben wir 100 Likes vergessen, und wie lange erinnern wir uns an eine einzige, großherzige Geste im richtigen Leben?

### Lieber einmal großherzig im echten Leben als 100 Likes irgendwo im Netz

Großartig braucht Hilfsbereitschaft gar nicht zu sein. Doch wenn sie von Herzen kommt und ohne Hintergedanken, dann fließt das Glück reichlich zurück. An die junge Frau mit der Shampooflasche und an den geheimnisvollen Satz „Karma comes back!" denke ich immer noch gerne. Ihr umwerfendes Strahlen verriet mir, dass sie sich mit Glück ziemlich gut auskannte.

Seit diesem Tag nehme ich übrigens immer Duschgel mit zum Sport, auch wenn ich eigentlich immer hinterher zu Hause dusche. Und eine zweite, kleine Shampooflasche. Könnte ja sein, dass ich sie eines Tages verschenken darf…

## Hilfsbereitschaft ist wie eine Umarmung: sie macht immer zwei Menschen glücklich.

# MO

☕ **MEIN MORGENMOMENT**

Heute freue ich mich auf einen Menschmoment mit:

Mit dieser inneren Haltung gehe ich heute durch den Tag:

☄ **MEIN ABENDMOMENT**

Mein Menschmoment heute war für mich:

Ich bin heute besonders dankbar für:

# DI

☀ **MEIN MORGENMOMENT**

Heute freue ich mich auf einen Menschmoment mit:

Mit dieser inneren Haltung gehe ich heute durch den Tag:

☾ **MEIN ABENDMOMENT**

Mein Menschmoment heute war für mich:

Ich bin heute besonders dankbar für:

# MI

**MEIN MORGENMOMENT**

Heute freue ich mich auf einen Menschmoment mit:

.......................................................................................................................................

Mit dieser inneren Haltung gehe ich heute durch den Tag:

.......................................................................................................................................

**MEIN ABENDMOMENT**

Mein Menschmoment heute war für mich:

.......................................................................................................................................

Ich bin heute besonders dankbar für:

.......................................................................................................................................

# DO

**MEIN MORGENMOMENT**

Heute freue ich mich auf einen Menschmoment mit:

.......................................................................................................................................

Mit dieser inneren Haltung gehe ich heute durch den Tag:

.......................................................................................................................................

**MEIN ABENDMOMENT**

Mein Menschmoment heute war für mich:

.......................................................................................................................................

Ich bin heute besonders dankbar für:

.......................................................................................................................................

**MEIN MORGENMOMENT**

Heute freue ich mich auf einen Menschmoment mit:

Mit dieser inneren Haltung gehe ich heute durch den Tag:

**MEIN ABENDMOMENT**

Mein Menschmoment heute war für mich:

Ich bin heute besonders dankbar für:

# OPEN
*your*
# HEART

(Madonna)

# RÜCKBLICK

### YEAH DER WOCHE

Das ist mir echt gut gelungen:

### MEIN MENSCHMOMENT DER WOCHE

Eine unvergessliche Begegnung:

### GRRR DER WOCHE

Welche schwierige Situation habe ich bewältigt?

# VORSCHAU

### MENSCHMOMENT DER WOCHE

Auf welche Menschmomente freue ich mich?

### FOKUS DER WOCHE

Worauf möchte ich mich in Begegnungen besonders konzentrieren?

### AUFGABE DER WOCHE

Was will ich unbedingt erledigen?

# MO

 **MEIN MORGENMOMENT**

Heute freue ich mich auf einen Menschmoment mit:

........................................................................................................................

Mit dieser inneren Haltung gehe ich heute durch den Tag:

........................................................................................................................

**MEIN ABENDMOMENT**

Mein Menschmoment heute war für mich:

........................................................................................................................

Ich bin heute besonders dankbar für:

........................................................................................................................

# DI

**MEIN MORGENMOMENT**

Heute freue ich mich auf einen Menschmoment mit:

........................................................................................................................

Mit dieser inneren Haltung gehe ich heute durch den Tag:

........................................................................................................................

**MEIN ABENDMOMENT**

Mein Menschmoment heute war für mich:

........................................................................................................................

Ich bin heute besonders dankbar für:

........................................................................................................................

# MI

### MEIN MORGENMOMENT

Heute freue ich mich auf einen Menschmoment mit:

..................................................................................................

Mit dieser inneren Haltung gehe ich heute durch den Tag:

..................................................................................................

### MEIN ABENDMOMENT

Mein Menschmoment heute war für mich:

..................................................................................................

Ich bin heute besonders dankbar für:

..................................................................................................

# DO

### MEIN MORGENMOMENT

Heute freue ich mich auf einen Menschmoment mit:

..................................................................................................

Mit dieser inneren Haltung gehe ich heute durch den Tag:

..................................................................................................

### MEIN ABENDMOMENT

Mein Menschmoment heute war für mich:

..................................................................................................

Ich bin heute besonders dankbar für:

..................................................................................................

**MEIN MORGENMOMENT**

Heute freue ich mich auf einen Menschmoment mit:

...................................................................................................................................

Mit dieser inneren Haltung gehe ich heute durch den Tag:

...................................................................................................................................

**MEIN ABENDMOMENT**

Mein Menschmoment heute war für mich:

...................................................................................................................................

Ich bin heute besonders dankbar für:

...................................................................................................................................

*Die*

# SCHÖNSTE FREUDE

*erlebt man immer da, wo man sie*

# NICHT ERWARTET.

(Antoine de Saint-Exupéry)

# RÜCKBLICK

### AHH DER WOCHE

Was hat mich besonders fasziniert?

### WOW DER WOCHE

Womit habe ich jemandem ein WOW! auf die Lippen gezaubert?

### DANK DER WOCHE

Wofür bin ich dankbar?

# VORSCHAU

### MENSCHMOMENT DER WOCHE

Auf welche Menschmomente freue ich mich?

### FOKUS DER WOCHE

Worauf möchte ich mich in Begegnungen besonders konzentrieren?

### AUFGABE DER WOCHE

Was will ich unbedingt erledigen?

# MO

 **MEIN MORGENMOMENT**

Heute freue ich mich auf einen Menschmoment mit:

Mit dieser inneren Haltung gehe ich heute durch den Tag:

**MEIN ABENDMOMENT**

Mein Menschmoment heute war für mich:

Ich bin heute besonders dankbar für:

# DI

**MEIN MORGENMOMENT**

Heute freue ich mich auf einen Menschmoment mit:

Mit dieser inneren Haltung gehe ich heute durch den Tag:

**MEIN ABENDMOMENT**

Mein Menschmoment heute war für mich:

Ich bin heute besonders dankbar für:

# MI

## MEIN MORGENMOMENT

Heute freue ich mich auf einen Menschmoment mit:

........................................................................................................

Mit dieser inneren Haltung gehe ich heute durch den Tag:

........................................................................................................

## MEIN ABENDMOMENT

Mein Menschmoment heute war für mich:

........................................................................................................

Ich bin heute besonders dankbar für:

........................................................................................................

# DO

## MEIN MORGENMOMENT

Heute freue ich mich auf einen Menschmoment mit:

........................................................................................................

Mit dieser inneren Haltung gehe ich heute durch den Tag:

........................................................................................................

## MEIN ABENDMOMENT

Mein Menschmoment heute war für mich:

........................................................................................................

Ich bin heute besonders dankbar für:

........................................................................................................

# FR

**MEIN MORGENMOMENT**

Heute freue ich mich auf einen Menschmoment mit:

.............................................................................................

Mit dieser inneren Haltung gehe ich heute durch den Tag:

.............................................................................................

**MEIN ABENDMOMENT**

Mein Menschmoment heute war für mich:

.............................................................................................

Ich bin heute besonders dankbar für:

.............................................................................................

*Nur*

# PERSÖNLICHKEITEN

# BEWEGEN DIE WELT,

*niemals Prinzipien.*

(Oscar Wilde)

# RÜCKBLICK

### MEIN STOLZMOMENT

Welche Situation habe ich gerettet?

### AHA DER WOCHE

Was habe ich gelernt?

### HUCH DER WOCHE

Das kann ich besser ...

# VORSCHAU

### MENSCHMOMENT DER WOCHE

Auf welche Menschmomente freue ich mich?

### FOKUS DER WOCHE

Worauf möchte ich mich in Begegnungen besonders konzentrieren?

### AUFGABE DER WOCHE

Was will ich unbedingt erledigen?

# MO

### MEIN MORGENMOMENT

Heute freue ich mich auf einen Menschmoment mit:

......................................................................................................................

Mit dieser inneren Haltung gehe ich heute durch den Tag:

......................................................................................................................

### MEIN ABENDMOMENT

Mein Menschmoment heute war für mich:

......................................................................................................................

Ich bin heute besonders dankbar für:

......................................................................................................................

# DI

### MEIN MORGENMOMENT

Heute freue ich mich auf einen Menschmoment mit:

......................................................................................................................

Mit dieser inneren Haltung gehe ich heute durch den Tag:

......................................................................................................................

### MEIN ABENDMOMENT

Mein Menschmoment heute war für mich:

......................................................................................................................

Ich bin heute besonders dankbar für:

......................................................................................................................

# MI

**MEIN MORGENMOMENT**

Heute freue ich mich auf einen Menschmoment mit:

Mit dieser inneren Haltung gehe ich heute durch den Tag:

**MEIN ABENDMOMENT**

Mein Menschmoment heute war für mich:

Ich bin heute besonders dankbar für:

# DO

**MEIN MORGENMOMENT**

Heute freue ich mich auf einen Menschmoment mit:

Mit dieser inneren Haltung gehe ich heute durch den Tag:

**MEIN ABENDMOMENT**

Mein Menschmoment heute war für mich:

Ich bin heute besonders dankbar für:

# FR

### MEIN MORGENMOMENT

Heute freue ich mich auf einen Menschmoment mit:

Mit dieser inneren Haltung gehe ich heute durch den Tag:

### MEIN ABENDMOMENT

Mein Menschmoment heute war für mich:

Ich bin heute besonders dankbar für:

*Menschmoment heißt, den Anderen*

# GENAU SO

*sein zu lassen,*

# WIE ER IST.

(Sabine Hübner)

# RÜCKBLICK

### UPS DER WOCHE

Das ist gerade noch mal gut gegangen ...

### MEIN LACHMOMENT

Darüber habe ich mit einem Kunden gelacht:

### ME-TIME

Das habe ich heute für mich getan ...

# VORSCHAU

### MENSCHMOMENT DER WOCHE

Auf welche Menschmomente freue ich mich?

### FOKUS DER WOCHE

Worauf möchte ich mich in Begegnungen besonders konzentrieren?

### AUFGABE DER WOCHE

Was will ich unbedingt erledigen?

*Eine Begegnung, die mit einem*

# KOMPLIMENT

*beginnt, hat alle Aussicht,*

*sich zu einer echten*

# FREUNDSCHAFT

*zu entwickeln.*

OSCAR WILDE

# 5

## MEIN TAGEBUCH

*für besondere Menschmomente*

# EIN MOMENT FÜR KOMPLIMENTE

## *Von der Kunst, Blumen zu Worten zu machen*

„Mmmh! Sie riechen nach dem Duft Chloë, stimmt's?", frage ich die Security-Mitarbeiterin am Flughafen, als sie mich von oben bis unten durchcheckt. Eigentlich möchte ich nur die unangenehme Situation entschärfen, doch die Mitarbeiterin strahlt mich plötzlich an: „Ja!", sagt sie, „Das ist mein Lieblingsduft. Der macht mir schon am Morgen gute Laune!" „Steht Ihnen gut!", nehme ich den Faden für ein kleines Kompliment auf. Und schon sind wir herzlich verbunden – für einen kurzen Menschmoment.

*„Komplimente sind wie Parfum, sie dürfen duften, aber nicht aufdringlich duften"*, schreibt Oscar Wilde. Wie die richtige Dosis gelingt? Oft, indem wir die eigene Wahrnehmung in Worte fassen. Je einfacher, desto besser. Ein klein wenig Flunkern ist auch erlaubt, denn tiefe Warmherzigkeit zählt im Menschmoment ganz oft mehr als trockene Wahrheit.

**WARMHERZIGKEIT**

Das Herz zieht keine harte Grenze zwischen Wirklichkeit und Wunschvorstellung. Zum Glück!

### Floskeln waren einmal Blumen

Das Magische am Blumenschenken ist der überraschte Blick des Beschenkten. Sein Lachen. Deshalb ist es so wichtig, dass wir geschenkte Komplimente mit der gleichen Freude annehmen wie Blumensträuße.

Dass das gar nicht so einfach ist, wissen wir alle aus eigener Erfahrung. Wie schnell hat man ein schönes Kompliment vom Tisch gewischt, wie schnell eine schöne Einladung abgelehnt. Ein intensiver Menschmoment kann uns so tief in der Seele berühren, dass wir uns überfordert fühlen. Da scheint es manches Mal einfacher, ihn zu vertreiben wie eine lästige Fliege, statt sich darauf einzulassen. Ja: Menschmomente können sehr unter die Haut gehen. Menschmomente sind immer Resonanz-Momente! Es sind die Momente, in denen wir uns dem anderen ganz unverstellt zeigen – zumindest einen Augenblick lang – und unser Herz ganz weit öffnen. Natürlich machen wir uns damit angreifbar. Vielleicht vergreifen wir uns ein bisschen mit der Dosis. Macht nichts! Ich nehme das gerne in Kauf. Denn beim Komplimente-Machen wie in der Kunst gilt das gleiche: Üben ist nicht die notwendige Voraussetzung für Kunst, es ist die Kunst.

Ich persönlich verschenke im Zweifelsfall lieber einen etwas zu üppigen Strauß mit Komplimenten als einen, den man gar nicht bemerkt. Und Sie?

**RESONANZ**

Widerhall, Wirkung, Anklang – Resonanz ist ein Phänomen zwischen der Welt und mir.

# Ein gelungenes Kompliment ist wie ein Blumenstrauß aus Worten.

# MO

**MEIN MORGENMOMENT**

Heute freue ich mich auf einen Menschmoment mit:

......................................................................................

Mit dieser inneren Haltung gehe ich heute durch den Tag:

......................................................................................

**MEIN ABENDMOMENT**

Mein Menschmoment heute war für mich:

......................................................................................

Ich bin heute besonders dankbar für:

......................................................................................

# DI

**MEIN MORGENMOMENT**

Heute freue ich mich auf einen Menschmoment mit:

......................................................................................

Mit dieser inneren Haltung gehe ich heute durch den Tag:

......................................................................................

**MEIN ABENDMOMENT**

Mein Menschmoment heute war für mich:

......................................................................................

Ich bin heute besonders dankbar für:

......................................................................................

# MI

**MEIN MORGENMOMENT**

Heute freue ich mich auf einen Menschmoment mit:

Mit dieser inneren Haltung gehe ich heute durch den Tag:

**MEIN ABENDMOMENT**

Mein Menschmoment heute war für mich:

Ich bin heute besonders dankbar für:

# DO

**MEIN MORGENMOMENT**

Heute freue ich mich auf einen Menschmoment mit:

Mit dieser inneren Haltung gehe ich heute durch den Tag:

**MEIN ABENDMOMENT**

Mein Menschmoment heute war für mich:

Ich bin heute besonders dankbar für:

### MEIN MORGENMOMENT

Heute freue ich mich auf einen Menschmoment mit:

Mit dieser inneren Haltung gehe ich heute durch den Tag:

### MEIN ABENDMOMENT

Mein Menschmoment heute war für mich:

Ich bin heute besonders dankbar für:

# LIEBE

*ist nicht das, was man erwartet zu bekommen,*
*sondern das, was man bereit ist zu*

# GEBEN.

(Katherine Hepburn)

# RÜCKBLICK

### YEAH DER WOCHE

Das ist mir echt gut gelungen:

### MEIN MENSCHMOMENT DER WOCHE

Eine unvergessliche Begegnung:

### GRRR DER WOCHE

Welche schwierige Situation habe ich bewältigt?

# VORSCHAU

### MENSCHMOMENT DER WOCHE

Auf welche Menschmomente freue ich mich?

### FOKUS DER WOCHE

Worauf möchte ich mich in Begegnungen besonders konzentrieren?

### AUFGABE DER WOCHE

Was will ich unbedingt erledigen?

# MO

### MEIN MORGENMOMENT

Heute freue ich mich auf einen Menschmoment mit:

Mit dieser inneren Haltung gehe ich heute durch den Tag:

### MEIN ABENDMOMENT

Mein Menschmoment heute war für mich:

Ich bin heute besonders dankbar für:

# DI

### MEIN MORGENMOMENT

Heute freue ich mich auf einen Menschmoment mit:

Mit dieser inneren Haltung gehe ich heute durch den Tag:

### MEIN ABENDMOMENT

Mein Menschmoment heute war für mich:

Ich bin heute besonders dankbar für:

# MI

### MEIN MORGENMOMENT

Heute freue ich mich auf einen Menschmoment mit:

Mit dieser inneren Haltung gehe ich heute durch den Tag:

### MEIN ABENDMOMENT

Mein Menschmoment heute war für mich:

Ich bin heute besonders dankbar für:

# DO

### MEIN MORGENMOMENT

Heute freue ich mich auf einen Menschmoment mit:

Mit dieser inneren Haltung gehe ich heute durch den Tag:

### MEIN ABENDMOMENT

Mein Menschmoment heute war für mich:

Ich bin heute besonders dankbar für:

# FR

**MEIN MORGENMOMENT**

Heute freue ich mich auf einen Menschmoment mit:

........................................................................................................

Mit dieser inneren Haltung gehe ich heute durch den Tag:

........................................................................................................

**MEIN ABENDMOMENT**

Mein Menschmoment heute war für mich:

........................................................................................................

Ich bin heute besonders dankbar für:

........................................................................................................

*Es muss von*

# HERZEN

*kommen, was auf Herzen*

# WIRKEN

*soll.*

(Johann Wolfgang von Goethe)

# RÜCKBLICK

### AHH DER WOCHE

Was hat mich besonders fasziniert?

### WOW DER WOCHE

Womit habe ich jemandem ein WOW! auf die Lippen gezaubert?

### DANK DER WOCHE

Wofür bin ich dankbar?

# VORSCHAU

### MENSCHMOMENT DER WOCHE

Auf welche Menschmomente freue ich mich?

### FOKUS DER WOCHE

Worauf möchte ich mich in Begegnungen besonders konzentrieren?

### AUFGABE DER WOCHE

Was will ich unbedingt erledigen?

# MO

**MEIN MORGENMOMENT**

Heute freue ich mich auf einen Menschmoment mit:

..........................................................................................................

Mit dieser inneren Haltung gehe ich heute durch den Tag:

..........................................................................................................

**MEIN ABENDMOMENT**

Mein Menschmoment heute war für mich:

..........................................................................................................

Ich bin heute besonders dankbar für:

..........................................................................................................

# DI

**MEIN MORGENMOMENT**

Heute freue ich mich auf einen Menschmoment mit:

..........................................................................................................

Mit dieser inneren Haltung gehe ich heute durch den Tag:

..........................................................................................................

**MEIN ABENDMOMENT**

Mein Menschmoment heute war für mich:

..........................................................................................................

Ich bin heute besonders dankbar für:

..........................................................................................................

# MI

## MEIN MORGENMOMENT

Heute freue ich mich auf einen Menschmoment mit:

Mit dieser inneren Haltung gehe ich heute durch den Tag:

## MEIN ABENDMOMENT

Mein Menschmoment heute war für mich:

Ich bin heute besonders dankbar für:

# DO

## MEIN MORGENMOMENT

Heute freue ich mich auf einen Menschmoment mit:

Mit dieser inneren Haltung gehe ich heute durch den Tag:

## MEIN ABENDMOMENT

Mein Menschmoment heute war für mich:

Ich bin heute besonders dankbar für:

### MEIN MORGENMOMENT

Heute freue ich mich auf einen Menschmoment mit:

......................................................................................................

Mit dieser inneren Haltung gehe ich heute durch den Tag:

......................................................................................................

### MEIN ABENDMOMENT

Mein Menschmoment heute war für mich:

......................................................................................................

Ich bin heute besonders dankbar für:

......................................................................................................

*Man sieht nur mit dem Herzen gut,*

# DAS WESENTLICHE IST

*für die Augen*

# UNSICHTBAR.

(Antoine de Saint-Exupéry)

# RÜCKBLICK

### MEIN STOLZMOMENT

Welche Situation habe ich gerettet?

### AHA DER WOCHE

Was habe ich gelernt?

### HUCH DER WOCHE

Das kann ich besser …

# VORSCHAU

### MENSCHMOMENT DER WOCHE

Auf welche Menschmomente freue ich mich?

### FOKUS DER WOCHE

Worauf möchte ich mich in Begegnungen besonders konzentrieren?

### AUFGABE DER WOCHE

Was will ich unbedingt erledigen?

# MO

 **MEIN MORGENMOMENT**

Heute freue ich mich auf einen Menschmoment mit:

.............................................................................................................

Mit dieser inneren Haltung gehe ich heute durch den Tag:

.............................................................................................................

**MEIN ABENDMOMENT**

Mein Menschmoment heute war für mich:

.............................................................................................................

Ich bin heute besonders dankbar für:

.............................................................................................................

# DI

**MEIN MORGENMOMENT**

Heute freue ich mich auf einen Menschmoment mit:

.............................................................................................................

Mit dieser inneren Haltung gehe ich heute durch den Tag:

.............................................................................................................

**MEIN ABENDMOMENT**

Mein Menschmoment heute war für mich:

.............................................................................................................

Ich bin heute besonders dankbar für:

.............................................................................................................

# MI

## MEIN MORGENMOMENT

Heute freue ich mich auf einen Menschmoment mit:

........................................................................................

Mit dieser inneren Haltung gehe ich heute durch den Tag:

........................................................................................

## MEIN ABENDMOMENT

Mein Menschmoment heute war für mich:

........................................................................................

Ich bin heute besonders dankbar für:

........................................................................................

# DO

## MEIN MORGENMOMENT

Heute freue ich mich auf einen Menschmoment mit:

........................................................................................

Mit dieser inneren Haltung gehe ich heute durch den Tag:

........................................................................................

## MEIN ABENDMOMENT

Mein Menschmoment heute war für mich:

........................................................................................

Ich bin heute besonders dankbar für:

........................................................................................

# FR

**MEIN MORGENMOMENT**

Heute freue ich mich auf einen Menschmoment mit:

........................................................................

Mit dieser inneren Haltung gehe ich heute durch den Tag:

........................................................................

**MEIN ABENDMOMENT**

Mein Menschmoment heute war für mich:

........................................................................

Ich bin heute besonders dankbar für:

........................................................................

*Dein*

# SPIEGELBILD

*ist anderen egal.*

(Die Ärzte)

# RÜCKBLICK

### UPS DER WOCHE

Das ist gerade noch mal gut gegangen ...

### MEIN LACHMOMENT

Darüber habe ich mit einem Kunden gelacht:

### ME-TIME

Das habe ich heute für mich getan ...

# VORSCHAU

### MENSCHMOMENT DER WOCHE

Auf welche Menschmomente freue ich mich?

### FOKUS DER WOCHE

Worauf möchte ich mich in Begegnungen besonders konzentrieren?

### AUFGABE DER WOCHE

Was will ich unbedingt erledigen?

Der

# HUMOR

*ist keine Gabe des Geistes, er ist eine*

# GABE DES
# HERZENS.

OSCAR WILDE

# 6

# MEIN TAGEBUCH

*für besondere Menschmomente*

# EIN MOMENT FÜR HUMOR

## *Das Brausebonbon für Notfälle*

Als ich kürzlich das Münchner *Haus der Kunst* besuchte, saß mir plötzlich etwas im Nacken: Ein Schalk, ein ziemlicher sogar... „Ich hätte gern eine Seniorenermäßigung", platzte es an der Kasse aus mir heraus. Ein wenig über mich selbst erstaunt, lächelte ich den Herrn freundlich an. Der lachte: „Nein, nein. Die gebe ich Ihnen nicht." Ich schmollte nach außen, innerlich atmete ich auf. „O.k.", sprudelte ich weiter, „dann geben Sie mir doch bitte eine Jugendermäßigung." Der freundliche Kassierer erwiderte trocken: „Gut, dazu muss ich bitte Ihren Ausweis sehen."

Ich holte meinen uralten rosaroten österreichischen Führerschein heraus – auf dem Bild bin ich 17,5 Jahre alt – und reichte ihm das Ausweispapier über den Tresen. Er schaute den Führerschein an, dann mich, dann wieder den Führerschein, überlegte gründlich und sagte dann lächelnd: „Ok! Weil Sie mich so nett fragen." Er druckte mein Jugendticket aus – dann mussten wir über diese kleine, verrückte Szene gemeinsam laut lachen und natürlich gab ich die Differenz als Trinkgeld.

### Lachen entspannt

**IM ERNST JETZT**

„Nimm alle Dinge wichtig, aber keins richtig ernst."
(Albert Einstein)

Vielleicht saß mir der Schalk im Nacken, weil ich auf einer Asienreise kürzlich in Vietnam überraschend eine besondere Art des Kundenkontakts erlebt habe: sprühende Herzlichkeit und offene, humorvolle, spontane Begegnungen überall. Manchmal auch auf eine überrumpelnde Art direkt. Noch nie haben Hotel-Mitarbeiter so viele Selfies mit mir geknipst, noch nie bekam ich via Smartphone-App so viele Mausohren aufs Foto gezaubert und an der Rezeption so viele selbst geklebte Papierbilderrahmen geschenkt. Das war vietnamesische Service Performance! Und ich meine, wir können uns davon etwas abschauen. *„There is no way to happiness, happiness is the way"*, heißt ein Buddha-Zitat. Vielleicht ist es mit dem Humor genauso. Suchen wir also nicht den komplizierten Weg zum Kunden, sondern springen wir mit einem Lachen gleich mitten in den Menschmoment.

**DIE FRAGE...**

...ist nicht, was uns passiert. Sondern, wie wir damit umgehen.

### „Vom Magneten gebissen!"

Dass sich viele Pannen – Drucker defekt bei 20 Meter Kundenschlange, Techniker im Stau, Ersatzteil vergessen – mit Humor sofort entschärfen lassen, haben mittlerweile auch europäische Unternehmen entdeckt. Im Zug hören Sie heute Durchsagen, mit denen Sie überhaupt nicht gerechnet haben: „Bitte beachten Sie: Wir wurden auf der Fahrt von einem überaus eifrigen Streckensicherungs-Magneten gebissen. Sobald ich da wieder raus bin, geht's schneller voran." Oder der Pilot schließt seine Standard-Ansage im knallvollen Flieger mit „Fühlen Sie sich wohl bei uns an Bord, sofern es Ihr Nachbar zulässt". Und schon blickt jeder schmunzelnd in die Augen seines Sitznachbarn, und die Stimmung schwenkt von „entnervt" zu „entspannt".

Humor ist das Brausebonbon für den Notfall. Dass Kunden für Ihre Pannen auch dann großzügig entschädigt werden müssen, wenn Sie den ersten Schrecken mit einem lockeren Spruch abgefedert haben, versteht sich von selbst. Und dass Sie sich Kundenfrust anhören, bevor Sie Ihre Brausebonbons verteilen, sollte auch selbstverständlich sein. Wenn Kunden erst mal ihren Frust los werden dürfen und ein Unternehmen nicht auszuweichen versucht, dann erntet es in den meisten Fällen allein schon dafür Anerkennung. Fakt ist:

## Humor wirkt entwaffnend.

# MO

### MEIN MORGENMOMENT

Heute freue ich mich auf einen Menschmoment mit:

..........................................................................................................

Mit dieser inneren Haltung gehe ich heute durch den Tag:

..........................................................................................................

### MEIN ABENDMOMENT

Mein Menschmoment heute war für mich:

..........................................................................................................

Ich bin heute besonders dankbar für:

..........................................................................................................

# DI

### MEIN MORGENMOMENT

Heute freue ich mich auf einen Menschmoment mit:

..........................................................................................................

Mit dieser inneren Haltung gehe ich heute durch den Tag:

..........................................................................................................

### MEIN ABENDMOMENT

Mein Menschmoment heute war für mich:

..........................................................................................................

Ich bin heute besonders dankbar für:

..........................................................................................................

# MI

**MEIN MORGENMOMENT**

Heute freue ich mich auf einen Menschmoment mit:

Mit dieser inneren Haltung gehe ich heute durch den Tag:

**MEIN ABENDMOMENT**

Mein Menschmoment heute war für mich:

Ich bin heute besonders dankbar für:

# DO

**MEIN MORGENMOMENT**

Heute freue ich mich auf einen Menschmoment mit:

Mit dieser inneren Haltung gehe ich heute durch den Tag:

**MEIN ABENDMOMENT**

Mein Menschmoment heute war für mich:

Ich bin heute besonders dankbar für:

# FR

### MEIN MORGENMOMENT

Heute freue ich mich auf einen Menschmoment mit:

Mit dieser inneren Haltung gehe ich heute durch den Tag:

### MEIN ABENDMOMENT

Mein Menschmoment heute war für mich:

Ich bin heute besonders dankbar für:

*Humor ist der*

# KNOPF,

*der verhindert, dass uns der*

# KRAGEN

*platzt.*

(Joachim Ringelnatz)

# RÜCKBLICK

### YEAH DER WOCHE

Das ist mir echt gut gelungen:

### MEIN MENSCHMOMENT DER WOCHE

Eine unvergessliche Begegnung:

### GRRR DER WOCHE

Welche schwierige Situation habe ich bewältigt?

# VORSCHAU

### MENSCHMOMENT DER WOCHE

Auf welche Menschmomente freue ich mich?

### FOKUS DER WOCHE

Worauf möchte ich mich in Begegnungen besonders konzentrieren?

### AUFGABE DER WOCHE

Was will ich unbedingt erledigen?

# MO

**MEIN MORGENMOMENT**

Heute freue ich mich auf einen Menschmoment mit:

...........................................................................................................

Mit dieser inneren Haltung gehe ich heute durch den Tag:

...........................................................................................................

**MEIN ABENDMOMENT**

Mein Menschmoment heute war für mich:

...........................................................................................................

Ich bin heute besonders dankbar für:

...........................................................................................................

# DI

**MEIN MORGENMOMENT**

Heute freue ich mich auf einen Menschmoment mit:

...........................................................................................................

Mit dieser inneren Haltung gehe ich heute durch den Tag:

...........................................................................................................

**MEIN ABENDMOMENT**

Mein Menschmoment heute war für mich:

...........................................................................................................

Ich bin heute besonders dankbar für:

...........................................................................................................

# MI ───────────────────────────────

**MEIN MORGENMOMENT**

Heute freue ich mich auf einen Menschmoment mit:

...............................................................................................

Mit dieser inneren Haltung gehe ich heute durch den Tag:

...............................................................................................

**MEIN ABENDMOMENT**

Mein Menschmoment heute war für mich:

...............................................................................................

Ich bin heute besonders dankbar für:

...............................................................................................

# DO ───────────────────────────────

**MEIN MORGENMOMENT**

Heute freue ich mich auf einen Menschmoment mit:

...............................................................................................

Mit dieser inneren Haltung gehe ich heute durch den Tag:

...............................................................................................

**MEIN ABENDMOMENT**

Mein Menschmoment heute war für mich:

...............................................................................................

Ich bin heute besonders dankbar für:

...............................................................................................

### MEIN MORGENMOMENT

Heute freue ich mich auf einen Menschmoment mit:

....................................................................................................

Mit dieser inneren Haltung gehe ich heute durch den Tag:

....................................................................................................

### MEIN ABENDMOMENT

Mein Menschmoment heute war für mich:

....................................................................................................

Ich bin heute besonders dankbar für:

....................................................................................................

*Wenn wir*

# FREUDE

*am Leben haben, kommen die*

# GLÜCKSMOMENTE

*von selber.*

(Ernst Ferstl)

# RÜCKBLICK

### AHH DER WOCHE

Was hat mich besonders fasziniert?

### WOW DER WOCHE

Womit habe ich jemandem ein WOW! auf die Lippen gezaubert?

### DANK DER WOCHE

Wofür bin ich dankbar?

# VORSCHAU

### MENSCHMOMENT DER WOCHE

Auf welche Menschmomente freue ich mich?

### FOKUS DER WOCHE

Worauf möchte ich mich in Begegnungen besonders konzentrieren?

### AUFGABE DER WOCHE

Was will ich unbedingt erledigen?

# MO

**MEIN MORGENMOMENT**

Heute freue ich mich auf einen Menschmoment mit:

........................................................................................................

Mit dieser inneren Haltung gehe ich heute durch den Tag:

........................................................................................................

**MEIN ABENDMOMENT**

Mein Menschmoment heute war für mich:

........................................................................................................

Ich bin heute besonders dankbar für:

........................................................................................................

# DI

**MEIN MORGENMOMENT**

Heute freue ich mich auf einen Menschmoment mit:

........................................................................................................

Mit dieser inneren Haltung gehe ich heute durch den Tag:

........................................................................................................

**MEIN ABENDMOMENT**

Mein Menschmoment heute war für mich:

........................................................................................................

Ich bin heute besonders dankbar für:

........................................................................................................

# MI

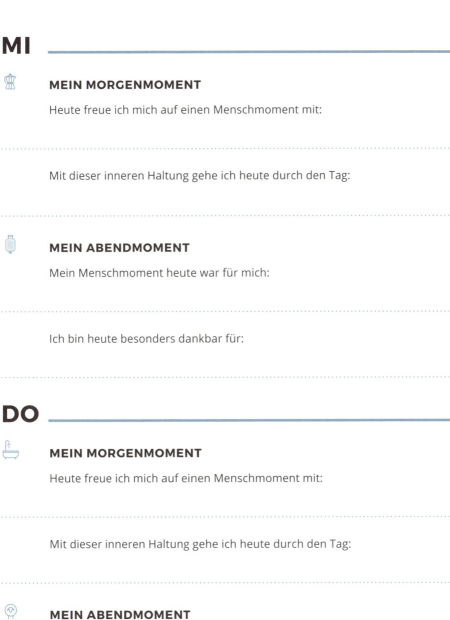

### MEIN MORGENMOMENT

Heute freue ich mich auf einen Menschmoment mit:

........................................................................................................

Mit dieser inneren Haltung gehe ich heute durch den Tag:

........................................................................................................

### MEIN ABENDMOMENT

Mein Menschmoment heute war für mich:

........................................................................................................

Ich bin heute besonders dankbar für:

........................................................................................................

# DO

### MEIN MORGENMOMENT

Heute freue ich mich auf einen Menschmoment mit:

........................................................................................................

Mit dieser inneren Haltung gehe ich heute durch den Tag:

........................................................................................................

### MEIN ABENDMOMENT

Mein Menschmoment heute war für mich:

........................................................................................................

Ich bin heute besonders dankbar für:

........................................................................................................

**MEIN MORGENMOMENT**

Heute freue ich mich auf einen Menschmoment mit:

Mit dieser inneren Haltung gehe ich heute durch den Tag:

**MEIN ABENDMOMENT**

Mein Menschmoment heute war für mich:

Ich bin heute besonders dankbar für:

# LACHEN

*ist ein Beruhigungsmittel*

# OHNE
# NEBENWIRKUNGEN.

(Arnold H. Glasow)

# RÜCKBLICK

### MEIN STOLZMOMENT

Welche Situation habe ich gerettet?

### AHA DER WOCHE

Was habe ich gelernt?

### HUCH DER WOCHE

Das kann ich besser ...

# VORSCHAU

### MENSCHMOMENT DER WOCHE

Auf welche Menschmomente freue ich mich?

### FOKUS DER WOCHE

Worauf möchte ich mich in Begegnungen besonders konzentrieren?

### AUFGABE DER WOCHE

Was will ich unbedingt erledigen?

# MO

☕ **MEIN MORGENMOMENT**

Heute freue ich mich auf einen Menschmoment mit:

....................................................................................

Mit dieser inneren Haltung gehe ich heute durch den Tag:

....................................................................................

🌠 **MEIN ABENDMOMENT**

Mein Menschmoment heute war für mich:

....................................................................................

Ich bin heute besonders dankbar für:

....................................................................................

# DI

🌅 **MEIN MORGENMOMENT**

Heute freue ich mich auf einen Menschmoment mit:

....................................................................................

Mit dieser inneren Haltung gehe ich heute durch den Tag:

....................................................................................

🌙 **MEIN ABENDMOMENT**

Mein Menschmoment heute war für mich:

....................................................................................

Ich bin heute besonders dankbar für:

....................................................................................

# MI

**MEIN MORGENMOMENT**

Heute freue ich mich auf einen Menschmoment mit:

..................................................................................................

Mit dieser inneren Haltung gehe ich heute durch den Tag:

..................................................................................................

**MEIN ABENDMOMENT**

Mein Menschmoment heute war für mich:

..................................................................................................

Ich bin heute besonders dankbar für:

..................................................................................................

# DO

**MEIN MORGENMOMENT**

Heute freue ich mich auf einen Menschmoment mit:

..................................................................................................

Mit dieser inneren Haltung gehe ich heute durch den Tag:

..................................................................................................

**MEIN ABENDMOMENT**

Mein Menschmoment heute war für mich:

..................................................................................................

Ich bin heute besonders dankbar für:

..................................................................................................

**MEIN MORGENMOMENT**

Heute freue ich mich auf einen Menschmoment mit:

Mit dieser inneren Haltung gehe ich heute durch den Tag:

**MEIN ABENDMOMENT**

Mein Menschmoment heute war für mich:

Ich bin heute besonders dankbar für:

# SCHREIBEN IST LEICHT.

*Man muss nur die falschen Worte weglassen.*

(Mark Twain)

# RÜCKBLICK

### UPS DER WOCHE

Das ist gerade noch mal gut gegangen ...

### MEIN LACHMOMENT

Darüber habe ich mit einem Kunden gelacht:

### ME-TIME

Das habe ich heute für mich getan ...

# VORSCHAU

### MENSCHMOMENT DER WOCHE

Auf welche Menschmomente freue ich mich?

### FOKUS DER WOCHE

Worauf möchte ich mich in Begegnungen besonders konzentrieren?

### AUFGABE DER WOCHE

Was will ich unbedingt erledigen?

# EIN MOMENT FÜR LIEBE

*Mehr Liebe wagen, mehr Freude leben*

Ein Hobby sei etwas, das wir mit Liebe tun, aber ohne Professionalität. Und ein Job sei etwas, das wir mit Professionalität erledigen, aber ohne Liebe. Als ich diese Worte neulich las, wurde ich nachdenklich und war dann sicher: Nein, das stimmt so nicht.

Etwas professionell tun heißt, die höchsten Standards seines Berufs kennen und versuchen, diese im täglichen Tun umzusetzen – und das schließt die Liebe zu einem Beruf, einer Sache, einer Kunst oder einer Dienstleistung durchaus ein.

## Füreinander da sein. Einfach so.

**DER UNTERSCHIED**

„Der Unterschied zwischen dem richtigen Wort und dem beinahe richtigen ist der gleiche wie zwischen einem Blitz und einem Glühwürmchen."
(Mark Twain)

Nie werde ich folgende Szene vergessen: Nach einer kleinen Knie-OP lag ich zu Hause auf dem Sofa. Das Telefon klingelte, meine Bankberaterin wollte einen persönlichen Termin mit mir abstimmen. „Der Arzt sagte, ich soll nach meiner Vollnarkose keine wichtigen Entscheidungen treffen oder Verträge unterschreiben", versuchte ich zu scherzen. Anstatt eines „Dann rufe ich gerne nächste Woche noch mal an. Gute Besserung", schaltete Frau Müller blitzschnell um: „Ach Du liebe Zeit, Frau Hübner, sind Sie denn versorgt? Oder kann ich Ihnen etwas bringen." Ich lehnte dankend ab, bin aber sicher: Wenn ich einen Liter Milch gebraucht hätte, wäre sie in fünfzehn Minuten da gewesen. Einfach so.

Ohne Liebe ist eine Profession nur Dienst nach Vorschrift. Bestenfalls werden Richtlinien so eingehalten, dass immerhin die Abläufe funktionieren. Schlimmstenfalls schalten Menschen dabei aber ihren Kopf aus und ihr Herz, so dass niemand merkt, wo Prozesse und Realität nicht mehr zusammenpassen. Sie wissen schon: die geschenkte Süßigkeit für das Kind, das keine essen darf. Die angebotene Sitzgelegenheit für die ältere Dame, die fit ist

wie ein Turnschuh. Vorschriften einhalten ist eben nur die Pflicht-
übung – die Kür heißt Aufmerksamkeit für die wirklichen Kunden-
bedürfnisse. Wer nicht wach ist für sein Gegenüber, rutscht ganz
schnell rein in Bürokratie. In eine Bürokratie, die zwar effizient
sein will, aber immer zuerst den eigenen Papierstapel sieht und
erst dann den Menschen, und die deshalb gar nicht vernünftig
arbeiten kann. Richtlinien sind oft etwas anderes als Richtiglinien.
Was ich damit meine?

### Richtlinien sind keine Richtiglinien

Richtiges Handeln sieht den Menschen immer an erster Stelle, mit
allen seinen Wünschen und Bedürfnissen, seinen Nöten und seiner Lust an der Freude. Und zwar unabhängig davon, ob der Liter
Milch in der Jobbeschreibung steht oder nicht, und unabhängig
davon, ob der Chef gerade guckt oder nicht.

*„Das, was wir aus Liebe tun, tun wir immer im höchsten Maße
freiwillig"*, schreibt Thomas von Aquin. Deshalb geben die Professi-
onals, die ihren Job lieben, den letzten Meter zum Kunden einfach
so. Professionalität und Liebe sind überhaupt kein Widerspruch.
Im Gegenteil: Wenn ich an die Menschen in meinem Umfeld denke, die einen richtig guten Job machen, sind es gerade die, die ihren Job am meisten lieben.

Ein *Dilettant* ist im Wortessinne jemand, der liebt, was er tut.
Es ist ein großes Missverständnis unserer Zeit, dass wir Lieblo-
sigkeit und Freudlosigkeit mit Professionalität verwechseln. Unser
Leben besteht nun mal aus sehr viel Alltag, und unser Alltag aus
sehr viel Arbeit. Und wenn Freude von Liebe lebt und Liebe von
Freude, dann ist der Weg zu einem Leben voller schöner Menschmomente eigentlich einfach:

## Mehr Liebe!
## Immer. Und überall.

**WAS IST LIEBE?**
„Liebe ist Verant-
wortung eines Ich
für ein Du."
(Martin Buber)

# EIN MOMENT FÜR MICH

*In jedem Tag versteckt sich etwas Besonderes*

An einem sehr, sehr frühen Morgen – ich war spontan alleine auf eine Reise gegangen – stehe ich auf einer verlassenen Dorfstraße mitten in Kalifornien. Der Jetlag saß mir in den Knochen, der Wind wehte durch die menschenleere Dorfstraße wie in einem alten Western. Plötzlich tauchte eine Frau mit Wuschelkopf vor einem Laden auf. „Good Morning!", rief sie mir fröhlich über die Straße zu, winkte mich heran, drückte mir eine Tasse dampfenden Kaffee in die Hand und fragte mich lachend, was ich in dieser Herrgottsfrüh auf diesem Fleckchen Erde suchte? Wir mochten uns auf Anhieb und unternahmen in den folgenden zehn Tagen wunderbare Wanderungen, schauten uns Kunst-Ausstellungen an und genossen die gemeinsame Zeit.

*„Ein einz'ger Augenblick kann alles umgestalten"*, wie recht Christoph Martin Wieland hat mit diesem Satz. Ein einziger Menschmoment schenkte mir in Luz Elena eine Reisebegleiterin für zehn Tage, und eine Weggefährtin bis zum heutigen Tag.

## Sich selbst der beste Freund sein

**DER WEG**

Achtsamkeit ist ein Weg zu mehr innerer Freiheit.

Nennen Sie es Glücksfähigkeit, nennen Sie es *Mindful Self Compassion*. Es geht um die Kunst, sich selbst der beste Freund oder die beste Freundin sein und um die Fähigkeit, für sich selbst aus den richtigen Energiequellen zu schöpfen: sich selbst Kaffee bringen, großzügig sein, achtsam sein und Menschmomente gerade dann lächelnd auffangen, wenn sie uns ganz unverhofft zufliegen.

Wenn ich selbst Energie habe, kann ich welche geben. Wenn ich selbst Menschmomente auffange, kann ich auch welche verschenken. Dieses Tagebuch hilft dabei, sich selbst zum Freund zu werden. Jeder Tagebuch-Moment ist Ihr persönlicher Moment.

### Den Moment leben

Ganz im Moment sein heißt, dass man das, was man gerade tut
– und sei es noch so flüchtig oder vermeintlich unwichtig – zum
Wichtigsten im Leben erklärt. Das reduziert Stress. Stress ist Un-
stimmigkeit: Das tun wollen, was man gerade nicht tut. Da sein
wollen, wo man gerade nicht ist. Das sagen, was man gerade nicht
sagen wollte. Oder umgekehrt.

Stress macht egoistisch, macht engstirnig, macht unfreund-
lich. Menschmomente sind das Gegenteil von Stress. Um Menschmomente zu feiern, braucht es Offenheit, Großherzigkeit und
Freundlichkeit. Und die Haltung, sich ganz ohne Arroganz, dafür
aber mit sehr viel Charme und Humor über den Miesepeter anderer zu erheben.

### Eine innere Revolution

Die Entscheidung für Freundlichkeit ist eine innere Revolution. Es
ist die Haltung, Menschmomente möglich zu machen, wo immer
es möglich ist. Es ist das Glück, mit beiden Händen Liebe zu verschenken und sich zu freuen, wenn es Konfetti regnet.

## Nur wenn ich Energie habe,
## kann ich Energie verschenken.

# WANN, WENN NICHT JETZT?

*Menschmomente machen das Leben schöner*

Wie gut wir uns am Abend im Spiegel anschauen können, hängt nicht von der Frage ab, was andere für uns getan haben, sondern was wir für andere getan haben. Diese Idee hatte John F. Kennedy bei seiner Antrittsrede 1961 wunderbar auf den Punkt gebracht: *„Fragt nicht, was euer Land für euch tun kann – fragt, was ihr für euer Land tun könnt."*

Ja: Wenn wir jemand anderem etwas Gutes tun, tun wir damit vor allem uns selbst etwas Gutes. Mittlerweile sogar wissenschaftlich bewiesen: In einem Experiment fand der Hirnforscher Jordan Grafma heraus, dass seine Testpersonen mit einem guten Gefühl reagierten, wenn sie Geld bekamen. Wenn sie jedoch das Geld für andere ausgaben, fühlten sie sich noch deutlich besser. Schenken macht also glücklich. Kennen Sie das Gefühl?

**KRAFTQUELLE**

Hinter jeder Konfusion steckt ein tiefes und sehr persönliches Thema – und eine mögliche Kraftquelle. Mit Selbstreflexion lassen wir diese Quellen sprudeln.

Soll ich? Soll ich nicht? Passt es? Passt es nicht? Zu oft lassen wir uns von unseren eigenen Bedenken ausbremsen. Und ja: manchmal liegen wir richtig daneben, und nicht immer kommt direkt etwas zurück. Darum verschenken wir immer seltener Menschmomente, obwohl wir uns selbst mehr Menschmomente wünschen. Doch wir können damit anfangen. Jetzt. Für ein Leben mit weniger Ellbogen, mit mehr Glück und mehr Empathie, mutigeren Heldentaten und schöneren Begegnungen, witzigeren Überraschungen und tieferer Dankbarkeit, schöneren Komplimenten und spritzigerem Humor, viel mehr Liebe und noch mehr Zeit für... uns selbst!

Mit dem Tagebuch „Menschmomente" möchte ich Sie auf Ihrem Weg zu neuen glücksmutigen und lebensfreudigen Menschmomenten begleiten. Viel Freude dabei!

**Menschmomente**
**machen glücklich. Alle und**
**Dich selbst. Sie machen**
**die Welt zu einem besseren Ort.**
**Worauf warten wir eigentlich noch?**

# MEINE NOTIZEN

# MEINE NOTIZEN

# MEINE NOTIZEN

# LITERATUR

**Berzbach, Frank:** Die Kunst ein kreatives Leben zu führen. Anregung zu Achtsamkeit. Mainz: Hermann Schmidt 2013

**Comte-Sponville, André:** Ermutigung zum unzeitgemäßen Leben. Ein kleines Brevier der Tugenden und Werte. Hamburg: Rowohlt 2004

**Hübner, Sabine:** Serviceglück. Mit magischen Momenten mitten ins Kundenherz, Frankfurt: Campus 2017

**Hübner, Sabine:** 30 Minuten Empathie. Offenbach: Gabal 2017

**Hübner, Sabine; Rath, Carsten:** Das beste Anderssein ist Bessersein: Wie Kundenbegeisterung gelingt! München: Redline 2016

**Hübner, Sabine; Rath, Carsten:** Das Leben. Ein bunter Hund. Worauf es wirklich ankommt. Hamburg: Murmann 2016

**Hübner, Sabine:** 30 Minuten Kundenservice. Offenbach: Gabal 2012

**Hübner, Sabine; App, Reiner:** Tue dem Kunden Gutes – und rede darüber. Mehr Erfolg durch die richtige Servicekommunikation. München: Redline 2012

**Hübner, Sabine:** Service macht den Unterschied. Wie Kunden glücklich und Unternehmen erfolgreich werden. München: Redline 2009

**Hübner, Sabine:** Münchhausen, Marco von: Service mit dem inneren Schweinehund. Frankfurt am Main/New York: Campus 2007

**Shaughnessy, Susan:** Walking on Alligators. A Book of Meditations für Writers. New York: HarperCollins 1993

**Werner, Jürgen:** Tagesrationen. Ein Alphabet des Lebens. Frankfurt am Main: Tertium Datur 2014